竞技跆拳道教学与训练策略研究

王增平◎著

吉林出版集团股份有限公司

全国百佳图书出版单位

图书在版编目（CIP）数据

竞技跆拳道教学与训练策略研究 / 王增平著．

长春 : 吉林出版集团股份有限公司，2025.1．-- ISBN
978-7-5731-5709-6

Ⅰ . G886.92

中国国家版本馆 CIP 数据核字第 2024G8N650 号

竞技跆拳道教学与训练策略研究

JINGJI TAIQUANDAO JIAOXUE YU XUNLIAN CELÜE YANJIU

著　　者	王增平
责任编辑	李柏萱
封面设计	李　伟
开　　本	710mm×1000mm　　　1/16
字　　数	212 千
印　　张	13
版　　次	2025 年 1 月第 1 版
印　　次	2025 年 1 月第 1 次印刷
印　　刷	天津和萱印刷有限公司

出　　版	吉林出版集团股份有限公司
发　　行	吉林出版集团股份有限公司
地　　址	吉林省长春市福祉大路 5788 号
邮　　编	130000
电　　话	0431-81629968
邮　　箱	11915286@qq.com
书　　号	ISBN 978-7-5731-5709-6
定　　价	78.00 元

版权所有　翻印必究

　　跆拳道是一项深受人们喜爱的运动。人们通过跆拳道训练，可以强身健体，提高身体的力量、协调性、柔韧性和爆发力，促进身体发育和心肺功能，提升专业技能和实战能力。跆拳道蕴含着深厚的礼仪文化，人们在学习跆拳道技能的同时，还能学习一些礼仪，受到文化的熏陶。这对道德修养和文化涵养的提升，对谦虚和坚韧不拔等精神的培养与塑造具有积极的影响。

　　本书共分为四章。第一章是跆拳道概述，主要阐述了跆拳道的产生与发展、跆拳道的内容与分类、跆拳道的礼仪与精神内涵、跆拳道的特点与功能、跆拳道的基本术语和跆拳道对健康的影响。第二章是竞技跆拳道的技术与战术，主要对跆拳道技术中常用的攻防部位、实战姿势与步法、进攻技术、防守技术、防守反击技术、攻防技术组合和竞技跆拳道战术进行了分析。第三章是竞技跆拳道教学，主要对竞技跆拳道教学要求、特点、原则，竞技跆拳道教学阶段与步骤，竞技跆拳道教学方法与组织形式，竞技跆拳道教学文件和竞技跆拳道教学的学习成绩考核进行了研究。第四章是竞技跆拳道训练，包括竞技跆拳道训练概述，竞技跆拳道训练的原则、竞技跆拳道训练的方法，竞技跆拳道的技战术训练，竞技跆拳道赛前训练和训练疲劳，竞技跆拳道运动员心理训练与智能训练，竞技跆拳道体能训练，竞技跆拳道运动员体重控制、常见运动损伤的预防与处理。

　　本书对跆拳道训练与实战能力提高进行了系统且科学的研究。跆拳道爱好者通过阅读此书能够科学参与跆拳道学练，达到强身健体、防身自卫、修养身心、颐养精神的目的。跆拳道专业运动员阅读本书，不仅能够达到以上几个目的，而且能够有效提升技战术水平和实战能力，为提高比赛成绩奠定基础。

在撰写本书的过程中，作者参考了大量的学术文献，得到了许多专家学者的帮助，在此表示真诚感谢。由于作者水平有限，书中难免有疏漏之处，希望广大同行、读者指正。

目 录

第一章　跆拳道概述

跆拳道是奥运会正式比赛项目，被誉为"世界第一搏击运动"。自 1975 年世界跆拳道联盟被国际体育联合会正式接纳为会员起，在几十年的时间里，跆拳道已经在 140 多个国家广泛开展起来。本章共分为六节，分别是跆拳道的产生与发展、跆拳道的内容与分类、跆拳道的礼仪与精神内涵、跆拳道的特点与功能、跆拳道的基本术语和跆拳道对健康的影响。

第一节　跆拳道的产生与发展

一、跆拳道的历史起源

原始人类与自然界做斗争时，跆拳道就开始萌芽了。跆拳道的产生是由生产活动决定的。在原始社会，生产力极其低下，人类面临着庞大而凶猛的野兽的威胁，而当时使用的工具非常简陋，这就要求人类有强健的体魄、搏斗的技能和群体力量才能抵御自然灾害和猛兽袭击。人们为了生存，不得不到处流动，从事采集和狩猎活动。

狩猎是原始人赖以生存的重要活动，需要猎手具备高超的战斗技能。这些猎手巧妙地运用武器，进一步强化了他们的生存能力。由于生活环境充满挑战，因此人类需要不断提升自身的体力和智力水平，以适应不断变化的生活条件。为了有效应对这些挑战，人类在集体劳动中逐渐发展出了徒手或使用简单武器的攻防格斗技能。这些技能包括拳打、脚踢、躲闪、跳跃、摔跌等，构成了跆拳道形成的前提条件。可见，跆拳道起源于人类的生产活动。

跆拳道发源于古代朝鲜。经历了朝鲜三国时代、高丽时代，最终在李朝时代真正地生根发芽。据载，在 935 年，勇猛善战的高丽军队成功推翻了新罗王朝，并建立了高丽王朝。这些士兵之所以能够取得如此辉煌的胜利，是因为他们平时严格训练。他们经常通过拳掌击打墙壁或木块的方式，来锻炼和提升自己的手部攻击能力。忠惠王，这位对徒手搏斗情有独钟的君主，曾经邀请了一位臂力过人、武艺超群的士兵金振都来到宫廷，表演手搏技艺。这场表演极大地提高了跆拳道的声望，使其逐渐被更广大的民众所接受和热爱。然而，1392 年高丽王朝被李朝取代后，跆拳道的地位并未得到足够的重视。但现代跆拳道这项活动在民间始终没有停止，即使在政权更迭的动荡时期，群众对跆拳道的热情依然持续不衰。

1961 年 9 月，韩国成立了唐手道协会，后更名为跆拳道协会，并成为全国运动会正式竞赛项目。1966 年，国际跆拳道联盟成立。1973 年，"世界跆拳道联盟"在韩国汉城成立，美国、日本、马来西亚、新加坡、朝鲜、菲律宾、柬埔寨、澳大利亚、科特迪瓦、乌干达、英国、加拿大、埃及、奥地利、墨西哥等二十多个国家和地区加入。目前会员仍在不断增加。

自世界跆拳道联盟成立，跆拳道便踏上了国际化和规范化的道路。1973 年，世界跆拳道联盟被国际体育联合会接纳为正式会员，进一步提升了跆拳道的国际地位。1980 年，国际奥委会正式承认世界跆拳道联盟，跆拳道在奥林匹克运动中的地位得到了官方认可。为了适应国际重大比赛，提高比赛的竞技性和观赏性，跆拳道的技术在不断变革和发展。例如，引入了电子记分系统，在打法方面更注重力量和速度。随着跆拳道国际地位的不断提高和跆拳道技术的不断改进，跆拳道逐渐在全球范围内普及和推广。尽管跆拳道已经取得了显著的成就，但随着时代的变化和技术的进步，跆拳道仍在不断地发展和延伸。现代跆拳道不仅关注传统的技术和规则，还融合了其他武术流派的元素和方法，以适应不断变化的竞技环境。此外，随着数字化和科技化的发展，跆拳道也开始探索新的训练方法和教学技术，以提供更有效和更个性化的学习体验。

二、跆拳道段位与晋级

（一）段位标准

跆拳道是一种使用段位来衡量练习者技能水平的武术。在初学阶段，学员从十级开始，通过不断学习和练习，逐渐升到一级，之后便可以进入段位。段位越高，代表着技能水平越高。每个级位用不同的腰带颜色来标识，从十级到一级，腰带颜色依次为白色、白黄色、黄色、黄绿色、绿色、绿蓝色、蓝色、蓝红色、红色、红黑色。入段后，所有腰带的颜色都为黑色。通常认为，一段到三段是新手级别，四段到六段属于高段位，而七段到九段则是授予那些对跆拳道有突出贡献的人的最高段位。黑带的段位是通过特殊标记来区分的。

（二）跆拳道的晋级

1.跆拳道的晋级标准和要求

按照国际跆拳道联盟和世界跆拳道联盟的晋级规定，跆拳道的晋级对练习者的学习内容、时间及考核都有严格的标准和要求。

（1）内容

学习跆拳道的基本知识和基础课程，包括跆拳道的历史、常识和基本技术动作。其课程内容，包括较难的基本技术动作和品势练习，初级课程包括实战的方法、品势练习和自由对抗练习。

（2）学习时间

从十级到九级学习基本知识和基础课，时间大约一年半；从八级到四级学习入门课程，大约用时两年半；从三级到一级学习初级课程，大约用时一年。

（3）考核内容

十级至九级考核基本知识和基本技术，八级至四级考核太极一章至太极五章的品势练习和较难的基本技术及有条件实战，三级至一级考核太极六章至太极八章和高丽品势练习及实战水平。

2.跆拳道的升段标准和要求

（1）段位晋升的考核要求

一段至三段的晋升考核由国家跆拳道协会分会或竞赛委员会进行，四段至八段的晋升考核由世界跆拳道联盟晋升委员会或其委托的组织进行，晋升九段必须由世界跆拳道联盟组成的特别委员会进行评审。

（2）考核内容

技术水平、功力测试和品势演练。每段测试的具体品势分别为：一段演练高丽型（KORYO），二段演练金刚型（KUMGANG），三段演练太白型（TAEBACK），四段演练平原型（PYONGWON）、十进型（SHIPJIN）或吉跆型（JITAE），五段演练春拳型（CHUNTWON），六段演练汉水型（HANSOO）和一如型（ILY-EO）。

（3）段位晋升的年限要求

跆拳道入段后，一段要经过一年半的练习后才可能进入二段，以后每经过一年的时间练习，通过考核可晋升到下一段位，一般可升至七段。八段或九段只授予极其杰出的人士或对跆拳道作出重大贡献的人。晋级考核时平均成绩达到 60 分，予以通过。

了解跆拳道段位及晋升，可以帮助跆拳道练习者根据自己的实际情况和水平，按相应级别和段位的标准进行有针对性的练习，进而提高跆拳道的技术水平和学识造诣。

三、跆拳道的道服、护具、脚靶及沙袋

（一）跆拳道道服

跆拳道有专门的道服、道鞋和腰带。场馆式跆拳道要求训练时穿整洁的道服，不得穿其他服饰进入训练场地。道服一般为白色，意指超凡脱俗。不穿道服时，要将道服叠放整齐。

叠道服时，将道服领口朝下，平摊于地，拿起一边袖子与肩的连接处，沿此处竖直平折道服，翻转衣袖竖直平折，另一袖子按此法折好。道裤按四等分折叠好，置于道服内，不可露出，确保边缘齐整，四角分明。

携带时，腰带两端对齐重叠，两头再向腰带中点20厘米处折叠一次，形成一个两层的圈，把叠成方块形的道服卷成柱形，放于该圈处，将腰带中点处重叠的一端从圈内穿过，拉紧。折叠好的道服可以优雅地挂到肩上，也可挂在墙壁上。

腰带也有固定的系法。选择合适长度、符合自己技术等级的腰带，两端对齐折叠，中间折叠部分用手指压一压，留下中点的折叠痕迹。把中点对准髋骨横断线的腹前中点（大约肚脐部位），双手拇指在上，四指在下，掌心向里，顺着腰带向身后滑动，在身后重叠相压，右手持的腰带在里，左手持的腰带在外，双手交换腰带，向前滑行，右边腰带的一端往中点处，右手沿中点握住三层重叠的腰带，左手持外层腰带的一端，从下往里穿过三层腰带，双手均匀用力拉至松紧适宜的程度，翻转下边的腰带一端，使之形成一个弯，左手持腰带的另一端从下而上往里穿过，双手交换，各持一端，用力一拉，整理打结处，使腰带自然下垂。腰带两端不可长短不一，此为不恭敬的表现。

（二）跆拳道护具

实战或比赛时，运动员必须穿戴护具。护具包括头盔、护甲、护裆、护前臂、护腿胫，其中护裆、护前臂、护腿胫穿戴在道服内。女运动员于道服内必须穿戴女用护裆、女用护胸。

跆拳道运动员的护具分1~5号，号数越小，护具越小。1号适用于儿童，2号适用于少年或成年女子，3号适用于男子50公斤、54公斤、58公斤级和女子

51公斤、55公斤、60公斤级，4号适用于64公斤、70公斤、76公斤级，5号则适用于83公斤级或身高过高的运动员。

戴头盔时切勿遮住眼眶，头盔用下巴处的松紧皮筋固定，不能过紧或过松。如觉头盔过紧，可调换大一号的头盔，或者将头盔顶部的细绳松开少许。

穿护甲时，上面两条绳应按对角线方向相系，下面两条绳水平相系，注意不要过松或过紧。过大的护甲会影响起腿。

护臂戴于前臂外侧，护腿胫应置于迎面骨上，护裆要佩戴端正。

（三）跆拳道专用脚靶、沙袋

脚靶是跆拳道训练中必不可少的器材。该器材形似鸡腿，分单瓣、双瓣两种。使用双瓣脚靶可以检查训练者的发力，通过脚靶发声是否清脆来判断练习者发力是否充分。

跆拳道沙袋（图1-1-1）一般重40~50公斤，面料主要为帆布，也有真皮、仿皮等。

图1-1-1　跆拳道沙袋

四、我国跆拳道的发展

我国跆拳道的起源可追溯至1992年10月，中国跆拳道协会筹备小组正式成立，自此，我国跆拳道开始崭露头角。1994年5月，首届跆拳道教练员、裁判员学习班在河北保定顺利举办，拉开了中国跆拳道规范化培训的序幕。同年9月，首届全国跆拳道比赛在昆明成功举办，参赛运动员达 150 余人。1995 年 5 月，首届全国跆拳道锦标赛在北京体育大学成功举办，参赛运动员约 250 人，跆拳道比赛参赛人数的增长显示了跆拳道在中国的发展和普及。这些比赛不仅推动了中国跆拳道的蓬勃发展，也深化了公众对跆拳道的了解。1995 年 7 月，中国跆拳道协会正式成立，标志着中国跆拳道步入了一个新的历史阶段。1995 年 11 月，中国派出 16 人（其中有 11 名运动员）组成的中国国家跆拳道队赴菲律宾参加第 12 届男子、第 5 届女子世界跆拳道锦标赛。1996 年 3 月 25 日，中国跆拳道队一行 12 人到达香港，参加香港第二届亚洲城市金杯国际跆拳道邀请赛，获得 6 枚金牌、2 枚银牌、3 枚铜牌，女队获团体第一。1996 年 5 月，在浙江金华举办了 1996 年中国万基杯全国跆拳道锦标赛。1996 年 6 月，中国跆拳道队参加了在澳大利亚墨尔本举行的第 12 届亚洲跆拳道锦标赛，收获男子 83 公斤级铜牌。1996 年 12 月，全国跆拳道冠军赛在北京举行。1997 年 5 月中国跆拳道队参加了在韩国举行的东亚运动会，取得了 2 枚银牌。1997 年 8 月，中国跆拳道队参加了在英国举行的国际 A 级跆拳道比赛，有 35 个国家 600 多名运动员参加了比赛，中国队获得 1 枚银牌、2 枚铜牌。1997 年 11 月，在香港举行的第 13 届男子、第 6 届女子世界跆拳道锦标赛上，中国跆拳道队获得 1 枚银牌、1 枚铜牌。1998 年 5 月，在越南胡志明市举行的亚洲跆拳道锦标赛上，中国跆拳道队获得 1 枚金牌、1 枚银牌、5 枚铜牌和女子团体第三名。2000 年 9 月 30 日，在悉尼奥运会女子跆拳道 67 公斤以上级比赛中，中国女选手陈中力压群雄获得冠军。这是我国获得的第一块奥运会跆拳道金牌。2004 年，第 28 届奥运会设男子 58 公斤、68 公斤、80 公斤、80 公斤以上级，女子 49 公斤、57 公斤、67 公斤、67 公斤以上级共 8 个跆拳道比赛项目。2003 年奥运会预选赛各级别的前四名，亚洲、欧洲、美洲预选赛各级别的前两名，非洲奥运会预选赛各级别的第一名均获得参赛资格。2004 年 8 月 26 日至 29 日，第 28 届奥运会的跆拳道比赛在可以容纳 8000 名观众的 The Faliro Coastal Zone Olympic Complex 体育馆里举行，每天进行男女各一个级别的比赛，有来自五大洲的 124 名运动员参加比赛。我国女将勇夺两枚金牌。2005 年，中国女将王莹夺得西班牙"世锦赛"的金牌。

2006 年，国家体育总局高层官员对跆拳道的发展和锦标赛的举办给予了特别关注。时任国家体育总局党组副书记、副局长胡家燕，体育总局局长助理崔大林出席了关于在金华举办跆拳道锦标赛的新闻发布会。7 月 20 日，国家体育总局拳击跆拳道运动管理中心在京宣布，第一届中国国际跆拳道公开赛将于 8 月 11 日至 13 日在北京首都体育学院举行。此次中国公开赛是经世界跆拳道联盟批准的，继伊朗公开赛、美国公开赛、韩国公开赛等系列赛事后的又一大公开赛。短短的十多年时间，跆拳道在中国从竞技和大众健身两个方面得到蓬勃发展。我国运动员在诸多重大的国际赛事中屡创佳绩。

近年来，高校跆拳道发展迅速，练习者数量不断增加。一部分高校开设了跆拳道的专业课或选修课。跆拳道已成为深受青年人喜爱的时尚运动。一些体育院校和普通高校将跆拳道列为教学内容，并组建跆拳道校代表队参加全国跆拳道比赛。

2005 年 5 月 1 日，第一届全国大学生跆拳道锦标赛在天津理工大学开幕。中国大学生体育协会跆拳道分会同时成立。来自北京大学、南开大学、黄石理工学院和上海外国语大学等 39 所高校的 268 名大学生运动员参加了男、女各 8 个级别的角逐。

由于跆拳道的踢打、跳跃等技术符合青少年的身体特点，因此，近几年跆拳道在全国高校迅速普及。

第二节　跆拳道的内容与分类

跆拳道（图 1-2-1）是韩国的武技，武术是中国的武技，跆拳道与武术在表现形式和内容分类上有相同之处。武术的表现形式分为武术套路、武术格斗、武术功法、武术艺术四大类。跆拳道的表现形式分为品势演练、竞技比赛（竞技跆拳道）、功力展示、艺术表演四大类。可以看出，跆拳道的品势演练与武术套路相对应，竞技比赛与武术格斗相对应，功力展示与武术功法相对应，艺术表演与武术艺术相对应。只是具体术语的表达和内容的特征存在一定的差异。这个差异主要表现在内容的复杂程度上，武术内容相对复杂，跆拳道内容相对简单。

图 1-2-1　跆拳道

一、品势演练

（一）概述

品势演练是指跆拳道的套路表现形式。品势是跆拳道的专用术语，"品"是指物品、等级、级别、品质，"势"是指动作的姿势。"品"和"势"连在一起组成一个专有名词，其基本含义是指具有不同等级、品质的动作姿势。跆拳道的品势是把拳和腿的各种攻防动作，按照反映不同等级的内容和太极、八卦图的运行路线编排，形成固定的程序，并按此进行练习的运动表现形式。跆拳道的品势有太极一章到太极八章级别不同的品势套路，随着跆拳道发展和推广的需要，后来又创编了高丽、金刚、太白、平原、十进、地跆、天拳、汉水、一如等品势套路。

（二）评分标准

世界跆拳道联盟的评分体系主要考虑两个方面：一是动作的正确性，涵盖了基础动作和各品势动作的精确度；二是表现力，包括技巧的熟练度和演示能力。韩国跆拳道协会的评分标准更侧重技术层面，即品势的正确性、参照规定技术的各品势动作的准确性以及具体动作技术的正确性。中国跆拳道协会的评分体系同样包括准确度、熟练度和表现力三个因素。总体而言，这些规定均突显了跆拳道比赛中动作正确性和表现力的重要性。

（三）评分标准中影响运动员得分的主要因素

1. 态度礼仪

跆拳道作为一门崇尚礼仪与技术的运动，要求练习者不仅要提升技术水平，更要注重礼仪和道德修养。这一理念贯穿跆拳道练习者训练、比赛和生活的每一个环节。对于优秀的跆拳道运动员来说，跆拳道精神不仅是他们行为规范的具体体现，更是他们坚定不移的人生信念。对对手的尊重，体现了运动员的道德素质和人文关怀；知道什么是不道德的，并能自我克制，展现了运动员的自我约束力和道德标准；能忍受困难和痛苦，并保持冷静，体现了运动员沉着冷静的品格；能自我控制，不轻易放弃，展现了运动员的自我控制力和毅力；即使面对挫折和失败，也不会轻易放弃，体现了运动员永不言败的精神。这些价值观不仅在跆拳道比赛中得到体现，还在运动员的生活中得到践行。

跆拳道的礼仪主要表现在鞠躬礼、注目礼和握手礼三种形式。在训练、比赛和日常生活中，练习者必须严格遵守礼仪规范。违反礼仪规范的行为会直接影响比赛成绩。因此，遵守礼仪规范不仅是一种展现尊重和谦虚的方式，更是成为一名优秀跆拳道运动员的必要条件。

2. 品势演练的准确度

品势演练的准确度评估是一个涵盖多个方面的综合性过程，对手型、腿法、步型等细节有着严格要求。评估的要素包括动作数量、规格、路线、发声、礼仪、攻防转换、前后移动、速度和力量的控制等，每个要素都需要认真评估，以确保演练的准确性和完美性。例如，手型的准确度直接影响到动作的发力、控制和稳定性，腿法的规范性决定了动作的力量和速度，步型的正确性则关系到动作的流畅度和协调性。因此，品势演练的准确度评估是对细节的严格把控，也是对整体效果的全面呈现，更是确保演练质量的重要环节。

3. 品势演练的熟练度

品势演练的熟练度是评估品势演练质量的重要标准，涵盖了动作大小、均衡性、速度与力度等多个方面。动作大小要求适宜，过大或过小都会影响整体效果。均衡性要求重心稳定，保持身体平衡，使动作更加稳定和流畅。在速度与力度的控制方面，演练者需要掌握好每个动作的速度和力度，使动作过程和结束时的力点控制更加顺畅和熟练。因此，品势演练要求演练者深入了解和掌握动作细节，从而更好地展现品势的韵律美和力量美。

4.品势演练的速度与力量

跆拳道品势是一种展现艺术性的武术修炼，练习中应注重速度和力量的运用，同时融入攻防含义，充分展现美感。在品势的练习中，快慢动作的结合是关键，快动作展现爆发力和攻击力，慢动作则细致展示动作技巧，这种结合更好地呈现出品势的韵律美和动态美。此外，力量的运用在品势练习中也占据了重要的地位，通过合理运用力量，可以使动作更加稳定、流畅，进而提升品势的整体质量。攻防含义同样在品势练习中占据了不可或缺的地位。通过品势的练习，可以锻炼出观察对手、抓住时机进行攻击和防御等技巧。

5.品势演练的表现力

运动表现力是评估运动员整体素质的关键指标，特别是在品势演练中。品势演练中的动作速度和力量的刚柔结合，以及节奏的把握，都会直接影响到品势的展示效果。刚柔缓急指的是动作的速度和力量的控制，快速动作展现出运动员的爆发力和攻击力，慢动作则更好地演绎出动作的细节和技巧。同时，力量的刚柔交融更能体现品势的韵律美和动态美。节奏是运动表现力的另一核心要素。运动员通过动作的速度和力量、攻防表现及眼神来把握整套品势的节奏。在品势演练中，对节奏的精准把握至关重要，良好的节奏能使整套品势更为流畅、自然，同时还能更好地展现品势的攻防含义和美感。例如，在跆拳道品势中，运动员通过准确把握节奏，能够更好地演绎出动作的韵律美和力量美，使整套品势趋于完美。因此，刚柔缓急与节奏是运动表现力的核心元素，在品势演练中占据着举足轻重的地位。运动员通过准确地把握刚柔缓急与节奏，能够更好地展现品势的美感与攻防含义，进而提升整套品势的展示效果。

（四）评分标准视角下的品势评分要点

1.不差毫厘的准确度

在跆拳道品势的评分体系中，准确度和基本分数占据主导地位。准确度主要涉及动作的规范性和流畅性，基本分数则体现基本技术的掌握和运用能力。在品势演练中，出现细小失误每次扣除 0.1 分，而明显错误则扣除 0.5 分。因此，为了提高品势演练的质量，准确度的训练至关重要。为了提升准确度，练习者需要注重细节，从基本动作入手，反复练习和纠正错误。在练习过程中，可采取分解动作的方式，逐步掌握每个动作的技巧和要领。此外，流畅性和协调性也是提高准确度的重要因素，需要练习者在整个品势演练中做到自然流畅。基本分数是评分的重要依据，主要对基本技术的掌握程度进行评价。这些基本技术包括基本手型、步法、身法等方面。在品势演练中，基本技术的运用需要达到熟练、自然，并能够融入整个品势演练中。因此，练习者需要在平时的训练中不断强化基本技术的练习，以提高自己的技术水平。

品势训练强调对准确度的把握，需遵循一定的标准。在练习中，脚部细节如两脚之间的宽度、长度及脚尖方向需精心调整，同时膝关节的朝向和位置也需准确把握。保持上体正直，避免偏倚，是非常重要的。对于各种拳、手刀的动作，手的高度、方向，以及腕关节、肘关节的弯曲、伸直和坠落角度及幅度都需要精细地指导和反复地练习。

为了提高准确度，可以将每套品势中不同的腿法进行单独练习，并注意高度、使用部位等细节。之后，腿法可与手法、步法进行组合动作练习，最后完成品势的完整演练。在动作过程中，起始位置、发力、定位以及协调性都需注意，并保持视线方向与动作路线的一致性。这些细节是决定品势训练准确度的关键。通过不断地练习和反复地纠正，可以使动作更加规范和流畅，从而提升品势演练的整体质量。在品势训练中，遵循这些标准，有助于展现运动员的技术水平，并提升整套品势的展示效果和观赏价值。

在跆拳道品势的训练过程中，提高动作的准确度是核心目标。为达到这一目标，需要精确每个动作的起始位置和运动轨迹，同时重视发力、定位及协调性。配合眼神，运用静态定型的练习方法，使身体各部位形成固定的动作规格、路线和发力方式，并与品势中的动作完美融合。此种训练方式不仅有助于运动员在实战中更灵活地运用品势，提升打击效果，还可以增强身体素质和协调能力，培养意志品质和自信心。准确度是品势训练的重心，只有通过严谨的训练和反复的实践操作，才能切实掌握和提高品势的准确度。

2. 炉火纯青的熟练度

在跆拳道品势的练习中，精确调控动作的大小与幅度至关重要。现代品势的特征主要表现为简单、大开大合、刚柔相济，突显表演性。为了充分展现大动作，要求练习者具备优异的柔韧性和关节灵活性。因此，每堂训练课都应着重关注身体各部位柔韧性和关节灵活性的训练。

品势演练中的动作均衡发展也占据了举足轻重的地位。在训练中，不仅要积极鼓励练习者进行大动作的表现，还要强调动作的柔韧性和快速性，避免过度发力。为了实现这一目标，需要对身体各部位，如关节、肌肉和筋膜等，进行有针对性的练习，以提升身体的灵活性和稳定性。

关节的灵活性和稳定性的训练可通过活动度训练和稳定性训练来实现。肌肉的力量和灵活性的提升可通过力量训练和拉伸训练来实现。筋膜的弹性和柔韧度的改善可以通过拉伸和按摩等方法来实现。

此外，品势演练的一些关键细节也不容忽视。在演练中，应关注动作幅度、节奏及身体姿势等细节，以确保演练效果达到最佳。例如，要确保每个动作的幅度和力度都恰到好处，避免出现过度发力和动作不协调的情况。同时，要保持身体的平衡和稳定，使身体在运动中保持灵活性和稳定性。

3.刚柔并济的速度与力量

跆拳道品势中的"刚"与"柔"是表现动作的两种重要方式。其中，"刚"指动作迅速有力，通过快速的肌肉发力，展现出强烈的攻击性，要求起始时放松，以最快速度结束，显示出强大的力量和速度。而"柔"则表现为动作缓慢或均匀，肌肉放松，防御动作慢起快收，动作转换时要充分体现攻防技击含义，展现相应的速度和力量状态。在跆拳道品势中，打击或踢击时需要展现出强大的力量和速度，避免僵硬、缓慢、无力的状态。只有在充分理解和掌握"刚"与"柔"的技巧和表现方式的基础上，才能更好地表现出品势的美感和攻防含义，这也是提高品势演练水平的重要途径。

跆拳道品势是一种强调爆发力和刚柔相济的武术练习，要求练习者在发力过程中先处于自然放松状态，然后迅速爆发力量进入力控状态。这种放松状态不是指软弱无力，而是指身体在自然状态下的放松，能够使动作更加流畅和自然。力控则指身体处于紧绷状态，使动作定位更加准确和稳定。为了提高速度和力量，练习者需要进行更多的放松练习，并加强瞬间爆发力和绝对力量的练习。针对性的训练可以帮助练习者改进个人技巧和提高演练水平。

4.稳如泰山、动如波涛的表现力

培养跆拳道品势的表现力是一个涉及多方面要素的综合过程。首先，专注度和信仰度构成了展现完美表现力的基础。在跆拳道品势中，强化专注度和信仰度能使运动员更加专注于自身的动作和呼吸，从而更好地挖掘和激发身体的潜力。其次，注重礼仪和态度培养是提高表现力的前提条件。良好的礼仪和态度能使运动员在比赛中展现出良好的形象和气质，从而更好地展现品势。此外，提高动作准确度是关键所在。在跆拳道品势中，每一个动作都有其特定的规范和要求，只有准确、流畅的动作才能更好地展现出品势的精髓。因此，持续不断地练习和提高动作准确度至关重要。同时，速度和力量训练也是不可或缺的要素。快速有力的动作能展现运动员的实力和自信，从而更好地吸引观众的注意。最后，采用分段和整套演练方式，通过肢体动作诠释攻防含义及意蕴，能够丰富表现力的内涵。在演练过程中，运动员应重视眼神、发声等方面的训练，以增强自身的气势，使表现力更加完美。这些要素共同构成了培养跆拳道品势表现力的综合过程。

二、竞技比赛

竞技跆拳道作为评估运动员技术水平的重要手段，其比赛规则要求两位选手进行腿攻、拳防的攻防格斗，以得分高低来决定胜负。这种竞技形式具有广泛的知名度及影响力，是国际大型赛事以及我国全运会、城运会等赛事的正式比赛项目。

品势演练作为竞技跆拳道的重要组成部分，通过特定的动作和招式展示了跆拳道的攻防特性和身法韵律。在竞技比赛方面，跆拳道比赛不仅要求运动员具备出色的技术水平，还要求运动员具备优秀的体能和良好的心理素质。

竞技跆拳道的发展不仅推动了跆拳道技术的普及和提高，也促进了跆拳道文化的传承和发展。

三、功力展示

跆拳道的功力展示也叫击破，主要用来体现跆拳道选手的破坏力，以手刀、拳面、脚刀等部位，击破木板、砖块、瓦片等硬物。训练有素的跆拳道选手，可以一拳击破 10 厘米厚的小板，一掌劈断数块红砖。

长期坚持击打硬物的练习，会使击打部位的骨骼变得异常坚硬，骨组织重新进行排列，成骨作用增强，提高对外界作用的适应性，使肌肉的紧张、收缩能力增强，击打部位忍受疼痛的能力提高。在意到、气到、力到、身心合一的情况下，肌肉中的毛细血管大量开放，肌肉由原来安静时每平方毫米内开放 80 条左右，增加 20～30 倍。经常练习击破的跆拳道选手，肌肉中的毛细血管形态结构发生变化，出现泡状，供血量大大增加。

以自己最坚硬的部位、最大的力量主动攻击敌人的弱点是徒手格斗时的一条重要原则。跆拳道教练员、运动员、学员，都需进行艰苦的击破练习，有的人掌骨部变得畸形，就是长期击打硬物所致。不可否认，坚硬的拳头能增加破坏力。

功力展示的道具常用的就是 30 厘米长、28 厘米宽、0.8～2 厘米厚的松木板（或泡桐木），还有瓦片、砖块、易裂的石块等物。

（一）功力展示应注意的问题

一是勿使木板、砖、瓦等物在击打的瞬间晃动，这样极易挫伤手指、手腕或其他击打部位。助手持木板时，必须全神贯注，不得有一丝移动。

二是击打前应自我激励，暗示自己必然能一击即破，稍有胆怯、犹豫则无法成功。

三是以正确的部位击打，击打的瞬间肌肉突然紧张。

四是运用一些击破的技巧。

五是要注意表演时的气势。气势震人心魄，动作快慢相间，能把观众的心悬起来，万一失败，不可怯场，调整呼吸，重新表演一次，观众仍会以热烈的掌声助威。

六是节目安排紧凑，进场、出场要井然有序。

（二）功力表演节目名称及表演、练习方法案例

1. 手刀持破

动作说明：

在表演者面前平架一块红砖，或放一大沓瓦片，表演者面向观众并步站立，左脚向左迈开一步，双手刀掌心向上，自小腹前缓缓随双脚脚跟往上升起，吸气，双手刀至胸口部时，向前双推掌，脚跟缓缓落地，呼气。

左脚向前轻轻推出，身体重心突然下蹲呈左虚步，左手刀掌心向右，高度与眼齐平，右手刀掌心向上，置于胸口，大声气合。先缓缓以运气状把右手刀收到右耳后，掌心斜向外，缓缓地，轻轻地在砖块中间部位做瞄准的手势，估计砖块的受力点，然后右手刀又缓缓收回至右耳边。猛地右膝下屈，身体重心下降，右手刀向下以爆发力击打。

要点：

击打时右手小指至手腕外侧部位的肌肉高度紧张，手刀同前臂保持一条直线。把身体突然下蹲的力量加到手刀的向下砍上。为避免小指被擦伤，可把伸直的小指夹在无名指与中指之间，突出拳轮部位。

练习方法：

以手刀部砍击树干、沙袋等物。手刀背击破。

动作说明：

在竖立的两块红砖上平放2～10块表演用木板，中间部分架空。表演者气合，准备势后，伸直右臂，向下摔击，同时右膝下跪，上体突然往前下倾斜，击中时肘部有一定弯曲度。

要点：

右手拇指往里扣紧，以食指侧面部位击打。身体突然向前下方倾斜，以增大击打力量。

练习方法：

击打坚硬的沙袋。在木凳上放置脚靶，以手刀背向下砍击。

2. 拳面击破

动作说明：

甲、乙两助手并列弓步站立，双手上下紧紧抓握10块重叠在一起的表演用木板。表演者气合、准备势，前滑步右直拳击打木板中间部位。

要点：

拳背与手腕成一条直线，以平整的拳面击打。向前急滑步并避膝，转腰，送肩，以整体力量击打，转体动作类似突然关门。所有木板的纹路均须平行于地面，击打前可用拳轻击木板中间部位，检查两名助手4只手是否用力均匀，木板形成一个稳固的整体。

3. 肘尖击破

动作说明：

甲、乙两助手并列弓步站立，4 只手上下紧紧抓握 10 块重叠在一起的木板。表演者面对木板左势站立，以右横击肘击打木板中间部位。

要点：

蹬地、转腰、送肩，往前稍倾上体，以整体力量击打。

练习方法：

对着沙袋横击肘。

四、艺术表演

艺术表演是以跆拳道的动作为基本内容，打破品势、竞技、功力分类的格局，增加音乐、灯光、布景等舞台元素，重新进行动作编排和包装，以求达到最佳观赏效果的一种表现形式。对跆拳道的动作进行整合和艺术加工后使其成为艺术表演的节目，进一步提高了跆拳道的价值功能，使跆拳道从一个体育项目，变成可以锻炼身体的活动和可以供人艺术欣赏的表演。跆拳道艺术表演可以起到宣传、传播跆拳道的作用，通过精彩的表演吸引人的关注，让不了解跆拳道的人认识跆拳道、喜欢跆拳道，乃至参与跆拳道运动。

第三节　跆拳道的礼仪与精神内涵

一、跆拳道的礼仪

（一）礼仪

跆拳道旨在实现身体与精神的双重修炼，其中礼仪教育在该运动中占据核心地位，贯穿整个训练体系。礼仪教育旨在提醒人们不仅要具备强健的体魄，更要拥有高尚的道德品质和尊重他人的精神。在跆拳道的礼仪形式中，鞠躬礼是最为常见的一种礼仪。鞠躬礼不仅体现了跆拳道对传统价值观念的尊重，也表达了对教练、对手、观众和其他人的尊重。从更深层次的角度来看，跆拳道不仅是一种身体上的训练，更是一种精神上的修行。跆拳道教导人们在压力和困难面前如何保持冷静，如何在成功和失败之间保持心理平衡，如何在竞争和合作之间找到和谐。

跆拳道精神是一种独特的理念，深刻地影响了练习者的行为和态度。这种精神通过练习者的实践行为来体现，需要练习者具备坚定的意志和执着的精神，拥有自律和专注的品质。同时，跆拳道精神也体现在对待锻炼的态度和期望获得的精神价值上，具备高尚的道德品质和对他人尊重的精神，是习练者不断提升人格的关键。因此，跆拳道精神不仅在跆拳道中有着重要的地位，更是一种人类理想主义意识的体现，是一种综合教育活动，通过锻炼身体和锻炼精神来提升人格。

人们可以通过动态的锻炼，消除身体障碍，实现内心的平静。在这个过程中，跆拳道的精神教育价值得以体现，帮助人们在身心锻炼中实现人格的完善。持之以恒的身心锻炼是跆拳道的核心，不仅提高了人们的身体健康性和敏捷性，更培养了练习者的意志力、创造力和克制能力。在面对挑战时，跆拳道练习者能够树立自信心和保持自我控制，形成积极向上的人格。此外，团队精神在跆拳道的习练中十分重要。团队精神可以提高练习者人际交往和团队合作的能力，同时，能够使练习者以更积极、乐观的态度面对人生挑战。跆拳道的习练不仅关注拳脚功夫或纯粹的身体锻炼，更注重身心协调发展与人格塑造。这种全面的教育价值，使得跆拳道在现代社会中受到越来越多人的喜爱和推崇。通过跆拳道的习练，人们不仅能够提高身体素质，更能培养良好的心理品质，实现身心的和谐发展。

跆拳道这项运动，不局限于身体的训练，还是一种深入的精神修行。在此过程中，自我克制与礼仪精神的培养构成了修行的基石。自我克制在跆拳道的习练过程中占据核心地位。面对各种挑战和困难时，练习者需具备坚韧不拔的意志和自我克制的品质。只有通过持之以恒的努力和不断超越自我，才能战胜挑战，提升自己的技能。这种自我克制的精神不仅对练习者产生深远影响，而且在日常生活、社会交往中都具有积极的作用，帮助人们更好地应对压力和挑战。

礼仪在跆拳道的习练中同样拥有举足轻重的地位。在师生互动、同学之间的相互关系以及上下级之间的交往中，礼仪都扮演着至关重要的角色。尊重他人、遵守秩序是跆拳道礼仪的基本要求。跆拳道的精神内核蕴含着和谐与和平的理念。这一理念承袭了东方传统的人与自然和谐共处的思想，强调人类应与自然和谐相处、相互融合。在跆拳道的动作、装备及品势中，都体现了这种和谐与和平的精神。例如，所有品势的第一个动作都是防守，寓意跆拳道是非暴力、为和平与正义而战的运动。跆拳道代表的精神包括自我克制、和平、和谐及服务等。这些精神相互关联、相辅相成，对教育具有深远的影响和价值。通过习练跆拳道，人们不仅能够锻炼身体，还能提升精神品质和人格魅力。

（二）跆拳道礼仪对学生思想行为的影响

大学生学习跆拳道礼仪对于其综合素养的提升具有深远意义。首先，跆拳道礼仪有助于培养大学生高尚的思想道德品质，包括友善、谦逊的性格特质。在跆拳道练习过程中，学生需要遵守礼仪规范，尊重师长、待人谦逊、与同学和睦相处等，这些规范不仅在道馆中得到实践，还延伸至日常生活。其次，学习跆拳道礼仪有助于提高大学生的人际交往能力。在习练过程中，学生需要与教练和同学进行密切的交流与合作，这可以锻炼他们的沟通能力和团队合作精神。同时，跆拳道礼仪也强调尊重他人、容忍和体谅他人，这有助于大学生在人际交往中处事更加成熟和得体。最后，掌握跆拳道礼仪可以为大学生的未来发展打下坚实的基础。在求职或工作中，具备良好礼仪的大学生往往能够更好地适应环境、融入团队，受到他人的尊重和信任。因此，学习跆拳道礼仪不仅有助于大学生建立良好的人际关系，还能为大学生未来的职业生涯和人生成长奠定坚实的基础。

跆拳道礼仪不仅可以帮助练习者增强身体素质，还可以提升个人的道德修养。跆拳道训练过程中遇到的困难和挫折有助于大学生培养坚韧不拔、不屈不挠的精神，这是跆拳道训练的核心价值之一。这种精神贯穿于跆拳道的训练过程中，对现代大学生具有重要的启示意义。

二、跆拳道的精神内涵

跆拳道的技巧和动作源于个体自我防卫的本能，后来逐渐演变为一种主观的信念，从被动防御转变为积极进攻，体现了从自我保护到积极进取的转变。这一转变不仅是能力上的提升，更是心态的升华，彰显了人的精神的成长和进步。

在与对手的竞争中，跆拳道战术中的进攻与防守、力量施加的轻重、形式变化的主动与被动等，都包含着矛盾的对立与统一。这种对立与统一的哲学思想也是跆拳道哲学中的重要组成部分，可以帮助人们更好地理解和应对生活中的矛盾和冲突，引导人们在冲突中找到平衡和解决方案。跆拳道注重心态的培养，即心中有我而忘我。这种心态可以帮助人们更好地专注于自己的目标，不受外界的干扰和影响，从而在生活和比赛中获得最佳的表现。

跆拳道的精神承载着教育人类的使命，同时跆拳道精神也成为众多贤达之士在寻求构建和谐统一的集体生活时所制定并奉行的隐性法则。只有通过切实的实践，才能深入理解和掌握跆拳道的精髓，从而营造一个充满正义、和谐及关爱的武术氛围。所有跆拳道学员应遵守以下礼仪规范的基本要求：第一，要秉持相互理解、尊重他人的态度；第二，要摒弃诽谤或侮辱他人的恶习，保持高尚的道德品质；第三，要保持谦虚、相互尊重，避免傲慢与偏见；同时，要弘扬人道主义精神，关注他人的福祉；第四，要明确师范与学员、前辈与后辈之间的关系，遵循相应的礼仪规范；第五，在处理问题时，应坚持公平原则，不接受或赠送礼物。这些规范不仅体现了跆拳道的精神价值，也有助于学员在日常生活中培养良好的品德和行为习惯。

在练习跆拳道时，学员需要持有正确的练习态度，了解跆拳道的历史、内容、特点、作用及教育意义，同时，需要遵守一些具体的礼仪规范。这些规范包括得体的衣着和整洁的头发，遵循谦逊、友善和虚心好学的作风，并使用正确的言辞。这些礼仪规范不仅可以提高学员的道德品质，也有助于提高他们的技能水平。因此，在跆拳道的练习中，礼仪不仅是一种规范，也是一种教育方式。

在长期的练习和比赛中，礼节形式逐渐转化为内心的动力，体现出跆拳道的精神价值。敬礼是一种常用的礼节表示方式，要求面向对方，保持身体直立，向前弯腰约 15 度，同时头部前屈约 45 度，此时双手紧靠两腿两侧，脚跟并拢。在道馆内，应保持严肃和安静的氛围。学员进入道馆后首先要向国旗敬礼，然后依次向馆长、教练和长辈敬礼。通过这些礼仪规范的学习和实践，学员可以更好地理解跆拳道的本质和精神。

第四节　跆拳道的特点与功能

一、跆拳道的特点

特点是指人和事物别具一格、表现独特、与众不同的某些方面，是通过人与人之间、事物与事物之间进行比较后产生的一种结论。古罗马历史学家塔西伦曾经说过："要想认识自己，就要把自己同别人进行比较。"[①]文豪歌德在诗剧《塔索》中也写道："如果你认为自己失去价值，就把你同别人进行比较。"可见，同其他的人或其他的事物进行比较来正确地认识不同的人或事物，不但是人类一个永恒的研究课题，而且是一种不可缺少的研究方法。要阐述跆拳道技术特点，应选择人体格斗类运动项目进行比较，所得出来的结论才有意义。

跆拳道通过与其他人体徒手格斗类运动项目进行比较，其主要的运动特点表现在"礼之重、技之简、道之深"三个方面。

（一）礼之重

"礼"是指礼节、礼仪，"重"是指注重，注重礼节和礼仪是跆拳道的特点之一。跆拳道行礼的动作方式是右手放在胸前，上体前俯弯腰 35 度左右行鞠躬礼。这种动作方式从行礼者的角度来讲，做起来比较自然、轻松、方便，表达的是尊敬、谦恭、礼让的信息；从受礼者的角度来讲，会产生亲切、欣慰、赞许的感觉。

跆拳道行礼的对象主要是平辈和尊者。平辈包括同行、同伴、同事等，尊者包括教师、教练、长者、上司等。行礼场合分为个人、集体、正规三种情况。个人场合除了经常在一起生活的人可以不拘礼仪外，其他人只要见面就需要行礼，平辈之间行礼必须还礼，对长者行礼，长者可以还礼也可以不还礼。集体场合需要施礼时，有专门的人喊口令集体行礼。正规场合是指参加比赛、会议等公众场合，个人出面时需要向特定的对象行礼。

---

① 塔西伦. 阿吉利可拉传日耳曼尼亚志 [M]. 北京：商务印书馆，1959.

跆拳道是一种注重礼仪的运动，将礼仪贯穿于训练和竞赛的始终。在进入道馆时，学员需面向国旗敬礼，表达对国家的尊重和感激之情。在训练过程中，学员应在接受教练指导后行礼致谢，以示尊敬。在进行相互练习或持靶练习后，双方同样需行礼示意，相互尊重和感激。在训练结束时，学员须集体向教练员行礼致谢，而教练员也会回礼答谢，相互尊重。在离开道馆时，学员再次面向国旗敬礼，进一步表达对国家的感激和热爱。通过这些礼仪实践，跆拳道不仅培养了学员勇敢、顽强、拼搏的精神，还塑造了他们克己礼让、宽厚待人、恭敬谦逊、彬彬有礼的品质。这些品质对于一个人的全面成长和社会交往都至关重要。在道场内外，通过礼仪的实践和学习，学员可以更好地控制自己的情绪和行为，提升自身修养和道德品质。同时，学员也学会了尊重他人、感激他人、关心他人，从而更好地融入社会。"武"与"道"同步发展，在需要见义勇为时能够上得去、拿得下，平时在公众之中又能显示出良好的道德修养。

（二）技之简

"技"是指技术，"简"是指简单，技术简单是跆拳道的特点之一。跆拳道从自身的技术内容来讲并不简单。跆拳道技术简单主要是与中国武术经过比较以后得出的结论。跆拳道的品势与武术套路的表现形式相同，跆拳道从太极一至八章，到高丽、金刚、太白、平原、十进、地跆、天拳、汉水、一如等套路。无论是单个动作的组成结构、套路组成的动作数量，还是套路的种类等，其复杂程度都无法与武术相比。武术套路有 129 个不同风格、不同流派的拳种，其中很多拳种又有一系列的拳术和器械套路，而跆拳道的套路动作除了编排的内容结构不一样以外，演练风格大同小异。

竞技跆拳道与武术散打的表现形式相似。竞技跆拳道可以使用的技术是以腿法为主、拳法为辅，可以攻击的部位是头部和躯干，其中头部只能用腿踢而不能用拳攻击。通常拳法的主要功能是攻击对方的头部，但由于跆拳道中头部不可攻击，因此拳法失去用武之地。武术散打不但拳法、腿法、摔法都可以用，而且上至头部、中至躯干、下至腿部都可以攻击，从时间和空间上为使用人体格斗的技击方法提供了最大的活动空间。

跆拳道的功力展示与武术功法的表现形式相似，从目前跆拳道功力展示的内容来看，主要有彰显动作击打力度、高度、远度、正确性四种类型，每一种类型基本都用同样的动作来完成。武术除了这四种类型，还有各种人体抗击打能力和各种器械使用技巧的展示。武术功法展示的技术手段远远多于跆拳道的功法展示。例如，头撞石碑、脚踢钢柱、头顶开石、身卧钉床、俯卧钢叉等有数十种之多。器械使用技巧的展示有飞镖、飞刀、流星锤、钢针穿刺、鞭梢裁纸等。

跆拳道的艺术表演与武术艺术的表现形式相似，从目前跆拳道艺术表演的内容来看，是以跆拳道的拳法和腿法动作为技术基础，打破品势、竞技、功力分类的格局，增加音乐、灯光、布景等舞台表现元素，重新进行动作编排和包装，以求达到最佳的观赏效果。武术艺术由于武术内容的丰富性，更有利于动作的编排和包装，更容易彰显武技的震撼力和吸引力。

（三）道之深

"道"是指道理，"深"是指深邃，"道之深"是跆拳道的特点之一。跆拳道之"道"包括做人和做事两个方面，关于做人的道理之前已经做了简要阐述，这里主要讲跆拳道人体机能做功规律、运动项目活动规律、竞技能力训练规律方面的道理。这些道理十分深邃。在人体徒手对抗运动项目中，一般来讲，技法动作使用多的运动项目，技术研究的领域需要向横向和纵向两个方向同步发展；人体格斗技法动作使用少的运动项目，技术研究的领域除了需要横向发展之外，重点是需要向纵深发展。虽然跆拳道的技术相对于武术而言较为简单，但是为了达到发出动作就要击中对方的目的，对动作技术的合理性和有效性要精益求精，对事物规律认识的深度有很强的依赖性。

例如，预备姿势在跆拳道中占据了极其重要的地位。无论是在比赛还是实战中，双方运动员都会密切关注对手的预备姿势。预备姿势主要作用有两个：一方面，对自己来说，预备姿势占据有利的位置，可以快速发动攻击或提高攻击的力度和速度，同时需要具备高度的机动性以确保打击的命中率；另一方面，对于对手来说，预备姿势是一种隐藏的状态，使对方难以发现自己的攻击何时发动以及发动的具体攻击是什么，从而达到出其不意的效果。掌握精确无误的预备姿势是跆拳道运动员必须具备的基本技能之一。一个好的预备姿势不仅可以帮助运动员更好地掌控比赛节奏，提高打击效果，还能增加胜利的概率。因此，在日常训练中，跆拳道运动员应该注重预备姿势的练习，不断提高自己的技术水平。

又如，在跆拳道比赛中，双方运动员不仅对对方的攻击方法有深入的了解和反制能力，还会采用相似的攻击策略。因此，要想主动进攻并取得胜利，仅靠观察对方的动作姿势是不够的。在动作发出之前，必须深入洞察对方的心理状态，了解对方的心理活动，以便采取相应的策略，发出有利于自己的动作。当对方在进攻时突然收力或者犹豫不决，可能是其内心出现了波动，这时候就适合主动出击。同时，还可以利用调动法转移对方的观察力和注意力，为自己创造有利的条件。诱使对方使用某一动作，然后在自己习惯性反击的方向上进行反击。这些都是建立在深入了解对方心理状态的基础上的。如果教练员和运动员对跆拳道人体机能做功规律、运动项目活动规律、竞技能力训练规律的认识只是满足于"形于外"，而不能深入到"形于内"，就永远不能说他们真正进入了跆拳道之"门"，入了跆拳道之"道"。

二、跆拳道的功能

（一）健身功能

健身功能是指参加跆拳道的训练和比赛对增强人的体质和健康所起到的作用。跆拳道是一个以腿踢为主、拳击为辅的人体格斗类运动项目，其活动方式和运动规律对人的智能、技能、体能、心能的综合素质要求很高。大量的实践证明，经常参加跆拳道的训练和比赛，能够提高人的观察力、判断力、思维力、记忆力、想象力，并延缓大脑机能的衰变；能够促进骨骼和肌肉的发育和生长，使骨骼变粗、骨密质增厚，提高抗弯、抗压、抗折的能力，使肌肉纤维增质增量，并改善主动肌、协同肌、对抗肌的支配力。跆拳道运动中，有氧代谢和无氧代谢高强度地频繁交替进行，能量消耗、新陈代谢加剧，能够改善呼吸系统、血液循环系统的生理机能。各种技法随机应变的综合使用能增强神经系统的兴奋性、灵活性，提高感知觉、反应能力，改善人的气质和性格等。

（二）防身功能

防身功能是指通过跆拳道的训练和比赛掌握格斗技术，以预防或应对被他人伤害所起到的作用。跆拳道本身就是一个以人体格斗为手段、以战胜对方为目的的运动项目，教练员、运动员追求的是不断地改善技击方法的合理性，提高使用技法的有效性，增强身体素质的抗衡性。跆拳道格斗对抗的本质特征，决定了其在一定的条件下具有防身自卫的功能。一旦身体遭到他人的侵犯，或遇到见义勇为的社会需要，能够有效地制止或制服对方，同时能保护自己不受伤或少受伤。但是，在进行防身自卫和见义勇为时，必须以制止或制服对方为目的，同时确保对方不受到过度伤害，更不能意气用事，超越"正当防卫"的法律底线。

（三）修身功能

修身功能是指通过跆拳道训练和比赛的教育过程，对人的思想境界、伦理道德、个性特征、兴趣爱好、意志品质、精神状态等起到教化的作用。跆拳道动作技术的训练与运用承载着思想教育的信息，思想是行动的指南，行动能够转化思想，二者相互依存、相互影响。

跆拳道以"鞠躬礼"的礼仪思想教育为先导，注重伦理道德的培养，要求进入尊师重道、兄弟友爱、守信立义、见义勇为、谦虚礼让、克己正身、仁人志士、不理奢浮等高品味的人格境界。

另外，竞技跆拳道更注重培养人的意志力和情感。艰苦的训练和比赛伴随着失败和伤痛，为了取得胜利必须付出艰苦的代价，这个过程能培养人勤奋上进、吃苦耐劳、坚毅顽强、勇敢拼搏的精神，通过与不同强手的对抗，能克服懦弱、胆怯的心理，树立敢打敢拼、勇敢顽强、打之必胜的信念和胜不骄、败不馁、永不放弃的思想品质。

（四）爱国主义教育功能

1. 在跆拳道史教育中强化爱国意识

跆拳道不仅是一种运动，更是一种蕴含着丰富文化内涵和精神传承的运动。借助多媒体等教学工具，将跆拳道在中国的体育历史以更加生动形象的方式呈现给学生，使学生通过多元化的信息载体拓宽视野、激发兴趣，树立民族意识。现代教育技术在教学过程中发挥着至关重要的作用。网络资源和个性化学习工具可以满足学生对于跆拳道历史的好奇心，并进一步强化他们的爱国意识。学生通过自主收集体育历史资料，能够更加深入地理解中国体育的深厚底蕴和民族精神，从而激发其学习热情和民族自豪感。这种学习方式不仅满足了学生的个性化需求，还有助于他们树立正确的价值观和世界观。

2. 挖掘教学内容中的爱国主义教育话题

在跆拳道教材的理论部分，强调思想性的重要性，引导学生了解跆拳道的学习目的和任务。通过学习跆拳道，学生不仅可以培养良好的身体素质，还可以将跆拳道学习与实现中华民族伟大复兴相结合。教师传授科学锻炼身体的原则与方法，引导学生自主锻炼，提高身体的适应性，逐步养成良好的锻炼习惯。

在实践部分中，将爱国主义教育渗透到体育训练的各个环节。在训练前，明确训练的目的、要求、注意事项，对学生进行学习目的性教育。根据跆拳道不同技术动作的特点，有目的地渗透爱国主义教育。例如，采取小组比赛的方式练习防守技术，可以培养学生的集体主义精神和果断、勇敢、自强不息的优良品质；引导学生自主发现和制定活动的规则，培养学生自觉遵守法律和胜不骄、败不馁的优良品质；练习长跑可以培养学生自强不息的品质；通过队列队形的练习，培养学生的组织纪律性和朝气蓬勃的精神面貌；安排值日生借还体育器材与整理场地，发展学生爱护公物、热爱公益劳动、热爱集体、勤劳等良好品质。将技能教学训练与爱国主义教育进行有机整合，让学生通过实践体验情感，持续提升教学质量。学生可以在学习跆拳道的过程中通过这种方式，不仅掌握技能和知识，还接受爱国主义教育。这种教育方式可以激发学生的学习兴趣和爱国热情，培养他们的民族意识和责任感。

3. 树立榜样以激发爱国情操

通过榜样教育激发学生的爱国情操是跆拳道教学中一种有效的方法。在课堂上，通过播放运动员在国际赛场上的荣誉视频，使学生感受到运动员为国争光的荣耀和自豪。同时，通过讲解运动员艰苦的运动生涯、过硬的心理素质、顽强拼搏的精神和毅力，让学生认识到优秀运动员身上所蕴含的品质和精神，从而激发他们的内驱动力，激励他们向榜样学习，为中华民族伟大复兴贡献自己的力量。此外，还可以通过介绍各种体育活动和体育赛事等信息，拓宽学生的知识面和视野，让他们更好地了解体育的内涵和价值，树立坚持锻炼的意识，增强民族自豪感、凝聚感等。

4.在学习目的性教育中增强爱国信念

让学生了解体育与民族之间的紧密关系是培养其爱国信念的重要途径。通过学习跆拳道，学生可以深入了解其历史、文化和精神内涵，从而认识到体育在国家和民族发展中的重要地位和作用。通过爱国主义教育，学生可以形成初步的民族意识，并认识到体育是民族精神的象征。同时，将体育与国家联系起来，让学生了解体育与国家强盛、国力之间的关系，引导他们认识到学好体育对于强国健体、服务社会、报效祖国的深远意义。这些教育措施有助于帮助学生深刻理解体育的意义和价值，进一步激发他们的爱国热情和责任感。通过积极参与体育活动和锻炼，学生可以不断提升身体素质和心理素质，为未来建设祖国作出贡献。

第五节　跆拳道的基本术语

一、拳法

在竞技跆拳道中主要有一种拳法（图1-5-1），即正拳（也称平冲拳或直拳），在品势中则有正拳、勾拳、锤拳、平拳、中突拳。

（1）正拳

将手的四指并拢并握紧，拳面要平，拇指压贴于食指和中指的第二指节上。使用时用拳正面的食指和中指部位击打。

（2）勾拳

勾拳握法同正拳握法。使用时用食指和中指关节根部的突出部位击打。

（3）锤拳

锤拳握法同正拳握法。使用时用小指和手腕间的肌肉部位击打。

（4）平拳

平拳是向前平伸拳，然后把手指的第二指节弯曲，指尖贴紧手掌，拇指弯曲紧贴食指尖，用第二指节击打。

（5）中突拳

中突拳是中指或食指从正拳的握法中突出，主要是击打太阳穴和两肋部。

图 1-5-1 拳法

二、掌法

掌法（图 1-5-2）包含三种，分别是手刀、背刀和贯手。

（1）手刀

手刀要求四指伸直，拇指弯曲靠近食指，用小指侧的掌外沿攻击对方。手刀只限于在品势中使用。

（2）背刀

背刀的手法是与手刀相对，用食指侧攻击对方。背刀只限于在品势中使用。

（3）贯手

贯手的手形与手刀基本相同，要求微屈拇指，主要用四指指尖戳击对方的要害部位，如戳击对方的眼睛、喉部等。贯手只限在品势中使用。

图 1-5-2 掌法

三、臂法

臂法（图 1-5-3）包含腕部、肘部、前臂和上臂。

（1）腕部

腕关节的四周部位，主要用于防守格挡。

（2）肘部

肘部用肘的鹰突攻击。肘部只局限在品势中使用。

（3）前臂和上臂

前臂和上臂主要用外侧进行格挡防守，其中前臂的格挡在竞技跆拳道比赛中经常被运动员使用。

图 1-5-3 臂法

四、脚法

在跆拳道比赛中，运动员的脚法（图 1-5-4）以腿攻为主，所采用的脚的部位是脚面、足刀、脚尖、脚跟和脚前掌。

（1）脚面

脚面击打法是用脚的正面部分攻击对方，主要用来踢击对方髋关节以上、锁骨以下被护具包围的部位和头部的侧前剖面。

（2）足刀

足刀法是用脚外沿侧蹬对方，多用于侧踢、推踢。

（3）脚尖

脚尖法主要用脚趾前端的部位攻击对方。

（4）脚跟

脚跟法主要用脚跟后踢和推踢对方。

（5）脚前掌

脚前掌法主要用前脚掌攻击对方，多用于劈腿。

图 1-5-4　脚法

五、膝法

膝法（图 1-5-5）是用膝盖顶击对方，只限在品势中使用。

图 1-5-5　膝法

第六节 跆拳道对健康的影响

世界卫生组织对健康的定义包括身体和心理的良好状态，而不仅是无疾病或不虚弱状态。健康被视为人们的财富，而运动是维持健康的重要手段。体育作为一种社会文化现象或教育过程，在促进身心健康的全面发展方面发挥着重要作用。体育不仅是一种娱乐方式，更是我们维持健康、提高生活质量的重要途径。光有丰富的文化知识，却没有良好的心理素质将很难适应未来的社会生活。

在教育部倡导"阳光体育工程""德育教育和中国传统文化回归"之际，跆拳道运动凭借其对人的身体素质、思想道德素质和心理素质等多方面的培养和锻炼，为当前的素质教育添上了浓墨重彩的一笔。

一、有利于提高身体柔韧性和协调性

柔韧性和协调性在健康中扮演着关键角色。柔韧性和协调性有助于减少受伤的风险并提高身体的运动表现。跆拳道训练作为一种高效的方法，能够提升速度与力量，并使关节和肌肉更柔韧且更具节奏感。通过跆拳道训练，运动员可以增强身体的柔韧性和协调性，从而降低受伤的概率。

二、有利于锻炼腿部力量

跆拳道高度依赖腿部动作，其腿法在总体技法中占据了主导地位，约占总技法的70%。常见的腿法有前踢、推踢、横踢、下劈、侧踢、勾踢、后踢、后旋踢、单腿连踢及双腿连踢。在教学过程中，教师要充分考虑学生的个体差异，从基础动作开始教授这些腿法，从而增强腿部力量，塑造发达有力的肌肉。通过系统的跆拳道训练，学生可以逐步掌握这些腿法，提高自己的技能水平，同时也能锻炼身体，增强身体素质。

三、有利于提高身体素质

跆拳道是一项有益身体健康的运动。持续的训练能够有效改善心脑血管系统的循环功能，提升神经系统的活跃度，这些对于提高身体健康水平和抵抗力大有裨益。此外，跆拳道还有助于细胞活性，有助于参与者塑造健壮的体格。在练习过程中，学员需要反复进行技巧的练习，从而增强体能、提升肌肉力量和耐力。同时，跆拳道的训练也有助于提高反应速度和灵活性，使学员在日常生活和工作中能够更好地应对各种情况。跆拳道对于提升身体素质具有显著作用，不仅能增强学员的体能，还能提高抵抗力并预防疾病。因此，人们应该积极参与跆拳道的训练，不断提高自己的身体素质。

第二章　竞技跆拳道的技术与战术

竞技跆拳道是现代社会发展与竞技体育不断进步的产物。在严格规则的框架内，参赛者通过实施攻击对手的技击动作来进行对峙，旨在切磋技艺、增进友谊以及提升竞技水平。竞技跆拳道是一种对抗性较强的体育竞赛项目。本章主要阐述了竞技跆拳道的技术与战术，共有七节，分别为跆拳道技术中使用的攻防部位、实战姿势与步法、进攻技术、防守技术、防守反击技术、攻防技术组合以及竞技跆拳道战术。

第一节　跆拳道技术中常用的攻防部位

以脚为主、以手为辅是跆拳道的技术特点，因此，跆拳道的攻防部位也重点体现在手和脚两个区域。手的攻防包括拳和掌，脚的攻防包括脚背、脚掌和脚刀等。

一、手

传统跆拳道中关于手的使用可以包括拳、掌、指、臂和肘五个部位，其中只有拳的攻防在竞技跆拳道中有所体现，其他的攻防手法只有在品势和日常的搏击格斗中才会有所体现。

（一）拳

1. 正拳的握法

四指并拢，向内卷曲握紧，拇指内屈压紧在食指和中指的第二关节处，拳面要平。

拳的用法在传统跆拳道中很广泛，主要是用来攻击对方的面、胸、腹等部位。

2. 与拳相关的动作术语及握法和用法

与拳相关的动作术语有拳面、拳背、拳轮、瓦楞拳和指节拳。不同拳的握法和用法分别如下：

（1）拳面

拳面是指握紧拳后，拳的正面。这种握法主要是利用拳面直接进攻对方，力点是拳面。

（2）拳背

拳背是指握紧拳后，拳的背部。这种握法主要是利用拳背抖腕上挑和侧向的摆动击打，力点是拳背。

（3）拳轮

拳轮也称为锤拳，指握紧拳后小指以下，腕关节以上的部位。这种握法主要是利用拳轮由上向下捶击对方，力点是拳轮。

（4）瓦楞拳

手指的第二关节卷曲突出关节部位，拇指扣于虎口处，其余四指指尖紧贴手掌。这种握法主要是利用突出的关节处攻击对方的鼻、眼、颈等部位，力点是关节突出的部位。

（5）指节拳

指节拳是指握紧拳后，使食指或中指的第二关节突出形成的部位。这种握法主要是利用突出的关节处攻击对方的鼻、眼、颈、上唇、太阳穴、肋等部位，力点是关节突出的部位。

（二）掌

掌包含手刀与背刀、掌根、底掌、贯手和二指贯手。不同掌的手部形态和用法分别如下：

（1）手刀与背刀

手刀与背刀是指拇指内扣贴近食指，其余四指并拢伸直，此时小指的外侧沿线部位形成手刀，拇指的外侧形成背刀。手刀与背刀在实战中主要用于砍击或截击对手。

（2）掌根

掌根也称熊掌。五指的第二指关节弯曲，拇指内扣。掌根主要用于击打对方头部、面部、下颌及锁骨。

（3）底掌

底掌也称弧形掌。拇指展开微屈，其余四指并拢，第一指关节微屈，掌呈弧形。底掌可在搏击实战中掐击对方的颈部或用掌根底部攻击对方。

（4）贯手

贯手的手形与手刀相似，拇指内扣贴近食指，中指微屈，基本保持四指尖平齐。贯手主要用于截击对方要害部位。

（5）二指贯手

二指贯手又称剪形指。食指与中指伸展呈 V 形，拇指压扣在无名指的第二关节处。二指贯手主要用于插击对方的眼睛。

（三）臂

臂包含前臂和腕部。

（1）前臂

前臂指腕关节以上，肘关节以下的部位。前臂主要用于格挡防守。

（2）腕部

腕部指腕关节四周的部位。腕部主要用于格挡防守。

（四）肘

肘关节是由肱骨远侧端和桡、尺骨近端关节面组成。肘关节是上、前臂之间的连接处。肘在实战搏击中的威力很大，不但可以用于进攻，还可以用于格挡防守。

二、脚

竞技跆拳道使用脚攻击的部位是踝关节以下的部位。由于跆拳道中腿法技术较多，因此以脚的某一部位为力点的技术也相对丰富，具体有以下几个部位可以作为力点进行攻击：

（一）前脚掌

前脚掌是指脚底前部的骨和肌肉部分。以前脚掌为力点的攻击在实战中并不常见，前脚掌一般用于推踢、前踢等腿法技术。

（二）后脚掌

后脚掌是指脚底后部的跟骨下缘和肌肉部分，多用于蹬、踢等动作。

（三）正脚背

正脚背是竞技跆拳道比赛中用于攻击对手的关键部位，是指踝关节以下至第一趾关节以上的部位。正脚背多用于横踢、飞踢、跳踢等技术，具有击打距离远、击打力量大的特点。

（四）脚刀

脚刀是指脚底和脚背相连接的脚外侧边缘部位，多用于侧踢等技术。

（五）脚跟

脚跟指脚后部踝关节以下的部位。脚跟多用于后踢、后旋踢等技术。

第二节　实战姿势与步法

实战姿势也称准备姿势，是指跆拳道比赛中运动员运用技法进攻或防守时的预备动作。

一、实战姿势

（一）实战姿势类型

跆拳道实战姿势主要涵盖了标准实战姿势、侧向实战姿势和低位实战姿势三种类型。在比赛过程中，运动员可依据对手的具体情况选择适当的实战姿势来应对和调整。在练习时，若以左腿在前则为左实战姿势，右腿在前则为右实战姿势。这些实战姿势的运用对于提升运动员在比赛中的表现和应对能力具有重要的意义。

1. 标准实战姿势

竞技跆拳道的标准实战姿势要求两脚前后开立，相距约为肩宽的 1.5 倍，脚尖向前 45 度，前脚掌着地，脚跟抬起，两膝微屈，身体重心落在两脚之间，身体放松。右手握拳置于下颌高度，左手握拳置于肩平高度，左手肘关节角度应大于或等于 90 度。保持身体正直，眼睛注视前方。这种姿势有助于提高身体的稳定性和平衡性，同时更好地发挥身体的协调性和灵活性。

在执行标准实战姿势时，需要注意身体放松、两膝微屈、两脚站在直线的两侧。如果全身紧张、肌肉僵硬，就会影响身体的协调性和灵活性，从而影响比赛表现。因此，练习者应注意细节和动作的准确性，在出现错误时，可以参考一同训练人员的正确姿势，利用镜子进行自我修正。

2. 侧向实战姿势

动作方法：

身体完全侧向，两脚间距离为肩宽的 1.5~2 倍，两脚在一条直线上，其他同标准实战姿势。侧向实战姿势适用于侧踢、后踢等腿法。

3.低位实战姿势

动作方法：

低位实战姿势站立时，上体微向前倾，两腿屈膝的角度加大，身体重心降低，两脚间隔为肩宽的 1.5～2 倍，其他同标准实战姿势。低位实战姿势适用于反击技术，如后踢、后旋踢的反击。

（二）实战中与对手相关的站位

在跆拳道实战中，按双方运动员相对站立的姿势，可以分为开式站位和闭式站位两种。

1.开式站位

我方左实战姿势站立时，对方右实战姿势站立，或我方右实战姿势站立时，对方左实战姿势站立，这样的站位称为开式站位。

2.闭式站位

我方左实战姿势站立时，对方左实战姿势站立，或我方右实战姿势站立时，对方右实战姿势站立，这样的站位称为闭式站位。

（三）实战姿势理论基础

竞技跆拳道的实战姿势在比赛中起着重要的作用。实战姿势不仅决定了运动员的起始位置和身体朝向，还直接影响到他们的移动速度和攻击威力。为了更好地观察对手的动向并便于快速移动和反击，运动员通常会采用侧向对手的身体姿势。

在采取实战姿势时，身心放松是至关重要的。只有当身体和心理都处于放松状态，运动员才能做出快速而准确的动作。过度紧张和肌肉僵硬不仅会影响身体的协调性，还会限制运动员的反应速度。在比赛中，常常会出现双方运动员保持实战姿势而互不进攻的情况。这可能是为了等待对方进攻、直接进攻的把握不大、短暂休息或拖延时间。经验丰富的运动员会主动移动几步，促使对方调整实战姿势，从而寻找进攻或防守的时机。

每名运动员通常都有一条腿被视为"优势腿"。这条腿在出腿速度和力量上都具有明显优势，因此被称为优势腿、主打腿或得点腿等。多数运动员选择右腿作为优势腿，但也有一些运动员选择左腿作为优势腿。对于竞技跆拳道的运动员来说，确定自己的优势腿至关重要，因为这不仅关乎他们的攻击方式，还会影响其移动策略和防守策略。

（四）实战姿势练习方法

竞技跆拳道实战姿势的练习对于提高运动员的技能和表现具有至关重要的作用。其中，左架和右架的准备姿势是基础，原地换步练习则有助于提高运动员的反应速度和灵活性。为了增强练习效果，可以一人喊出口令，另一人结合发声来练习准备姿势。

在跆拳道中，运动员发出大声叫喊的现象具有多种心理作用。这种发声可以激活运动员的大脑运动中枢，使其快速进入兴奋状态并稳定情绪。同时，这种发声还能分散对方的注意力并增强自己的自信心。对于对手而言，这种发声则具有干扰对方情绪、降低对方自信的作用，使对方的心理变得不稳定，特别是对于比自己弱的对手或第一次与自己对抗的对手。

（五）实战姿势基本身法

身法是指实战中身体的移动。在实战中通过身体的移动、转体、变化来避让对手的攻击，同时又能及时有效地打击对手。

1. 前俯

前俯在实战姿势基础上，双肩稍微下沉，以避开对手攻击。眼睛要紧盯对手，以掌握对手的动态。在避让的同时要迅速反击。训练时，左、右姿势要交替练习。

2. 后仰

后仰是在实战姿势基础上，双肩向后微仰，以避开对手攻击。眼睛要紧盯对手，以掌握对手的动态。在避让的同时要迅速反击。训练时，左、右姿势要交替练习。

3. 侧身

侧身是在实战姿势基础上，前肩向后方侧体，以避开对手攻击。眼睛要紧盯对手，以掌握对手动态。避让的同时要迅速反击。训练时，左、右姿势要交替练习。

（六）呼吸方法

在跆拳道运动中，将呼吸通过高级神经系统支配和合理运用到运动中，并不是一件容易的事，必须掌握正确的方法并通过严格训练才能实现。

1.跆拳道呼吸的重要性

在跆拳道运动中，呼吸必须与动作配合得当。只有这样才能实现快速反应，敏捷躲闪，同时具备无氧爆发能力和持久有氧代谢能力，从而更好地发挥自己的技术和潜能。否则，容易出现气短力虚，动作紊乱等情况。

2.跆拳道的呼吸方法

在实战中，身体前屈或后伸时，必须吐气，恢复原位时则要吸气。击打时，需要先吐气，而打击的瞬间，要屏住呼吸。否则，抗击打能力较差。这是因为吐气时，身体放松了，抗击打的能力会降低。屏住呼吸，可以使力量集中到一点上，肌肉更紧绷，可以很好地应对对手的击打，提高抗打击的能力。

优秀的跆拳道运动员只有擅长调整并合理运用呼吸方法，才能在进攻和防守时发挥好自己的技术，爆发惊人的力量。

二、步法

跆拳道的步法主要有步型与步法两大类。品势中的步型是静止不动的，有定型与造型之意，上肢的动作加以配合形成品势固有的步型；而在实战中的步法往往都是动态的，这主要是在比赛中能够保持快速移动以此来寻找进攻的机会或通过步法移动来防守。在学习跆拳道时，两种步法都需要练习，步型练习可以提高身体稳定性与控制重心的能力，步法练习可以提高身体灵活性及协调性。

（一）品势步型

1.准备姿势

两脚开立与肩同宽，身体自然直立，两脚尖略外展，两手握拳置于腹前。

2.开立步

两脚开立与肩同宽，身体自然直立，两膝微屈，两脚尖正对前方，两手握拳置于体侧。

3.马步

两脚开立，比肩略宽，两脚尖平行或略内扣，挺胸直背，两腿屈膝半蹲，重心落在两脚之间。

4. 弓步

弓步又称前屈立，前后脚分立，两脚相距一步半，前腿屈膝，后腿伸直，前腿膝关节与脚尖垂直，重心大部分落在前脚上，左脚在前称左弓步，右脚在前称右弓步。

5. 后弓步

后弓步又称后屈立，前后脚分立，两脚相距约一步，后脚尖外展 90 度，后腿屈膝如同骑马状，前腿膝关节略屈，重心大部分落在后脚上。左脚在前称右后弓步，右脚在前称左后弓步。

6. 前探步

前探步又称高前屈立，如走路姿势。两脚之间距离小于弓步，上体略前倾，前腿膝关节略屈，重心大部分落在前脚上。左脚在前称左前探步，右脚在前称右前探步。

7. 虚步

虚步与后弓步相似，前脚掌点地，脚跟提起，重心落在后脚。

8. 交叉步

一脚向另一脚的前侧（前交叉步）或后侧（后交叉步）落步，脚尖着地，两腿屈膝交叉。

9. 并步

两腿直立，两脚跟并拢，脚内侧相靠，两臂握拳自然垂于体侧。

10. 单脚立

提起一条腿并将脚置于另一条腿的膝处，只用一条腿站立。

（二）实战比赛步法

跆拳道实战中的步法技术是至关重要的，是实现攻防转换的核心。通过灵活、快速、多变的步法，运动员可以连接进攻、防守和反击技术，抢占有利的实战位置，维持身体重心和平衡，同时还能破坏对方的距离感并遏制对方的进攻技术发挥。

在实战中，步法技术对于取得优势和成功全关重要。一个优秀的跆拳道运动员必须掌握各种步法技术，包括前进步、后退步、侧移步和旋转步等。这些步法可以单独使用，也可以组合使用，以达到不同的战术目的。例如，快速地前进步可以抢占对方的攻击距离并使对方失去平衡，后退步可以保持距离并避免对方的攻击，侧移步可以快速移动到对方侧面或后面，旋转步可以改变方向并攻击对方的侧面或背面。因此，在跆拳道实战中，掌握步法技术是每个运动员必须具备的基本技能之一。通过灵活运用各种步法技术，运动员可以更好地控制比赛节奏和局势，从而取得胜利。

跆拳道实战中常见的实战比赛步法有前进步、后退步、侧移步、弧形步、跳换步、垫步、冲刺步。

1. 前进步

前进步包括前滑步、上步和前跃步。

（1）前滑步

动作方法：

实战姿势站立，右脚蹬地，左脚向前上半步，落地时左脚掌先着地，而后右脚再向前跟半步。

动作要点：

移动时两脚距离保持不变，两脚离地不要太高，进步要稳，跟步要快。

易犯错误：

两脚前移过程中距离过大。

纠正方法：

移动时注意检查步幅长度，有意识地练习。

实战作用：

调整与对手之间的距离。

（2）上步

动作方法：

实战姿势站立，以左脚掌为轴，脚尖外转，右脚蹬地向前上步，呈右实战姿势站立。

动作要点：

动作要协调，要有整体性，上步要快。

易犯错误：

上步时身体重心不稳。

纠正方法：

由慢到快反复进行练习。

实战作用：

①调整距离伺机进攻。

②假动作诱导对方或追击对方。

（3）前跃步

动作方法：

实战姿势站立，两脚同时蹬地向前纵出 30～40 厘米，动作完成后保持实战姿势站立。

动作要点：

①要依靠两脚踝关节与膝关节的力量弹跳纵出，双脚要紧贴地面，不要腾空过高。

②动作发动时重心不宜过低，否则容易暴露动作意图。

易犯错误：

跃步时起跳过高。

纠正方法：

利用踝关节及膝关节的力量起跳前移，前移时要向前用力而不是向上。

实战作用：

用于接近对手或配合技术进攻。

2. 后退步

后退步包括后滑步、后跃步和后撤步。

（1）后滑步

动作方法：

实战姿势站立，左脚蹬地，右脚先后退半步，落地时右脚掌先着地，随之左脚向后跟半步，落地后保持实战姿势不变。

动作要点：

右脚退步距离不宜过大；右脚退多大距离，左脚要跟多大距离，要借助蹬地的反作用力加快移动速度。

易犯错误：

后退距离过大造成身体重心不稳。

纠正方法：

初学时后退距离不宜过大，应是本人脚长的 1～1.5 倍。

实战作用：

躲闪对方进攻或配合技术反击。

（2）后跃步

动作方法：

实战姿势站立，两脚同时蹬地向后跃出 30～40 厘米，动作完成后呈实战姿势站立。

动作要点：

参考前跃步。

易犯错误：

参考前跃步。

纠正方法：

参考前跃步。

实战作用：

用于躲闪对方的进攻或配合技术反击。

（3）后撤步

动作方法：

实战姿势站立，以右脚为轴内转，左脚向后撤步，成右实战姿势站立。

动作要点：

动作要协调一致，撤步要快。

易犯错误：

参考上步。

纠正方法：

参考上步。

实战作用：

用于躲闪对方的进攻或配合技术反击。

3. 侧移步

向左移动时称为左侧移步，向右移动时称为右侧移步。

（1）左侧移步

动作方法：

实战姿势站立；右脚蹬地，左脚向左侧上步，右脚随之跟上，使身体重心向左侧移动离开原来的位置。

（2）右侧移步

动作方法：

实战姿势站立；左脚蹬地，右脚向右侧上步，左脚随之跟上，使身体重心向右侧移动离开原来的位置。

动作要点：

移动时要有弹性，速度要快，身体要放松。

易犯错误：

参考前跃步。

纠正方法：

参考前跃步。

实战作用：

用于躲闪对方的进攻或躲闪后反击。

4. 弧形步

向左跨步时称为左弧形步，向右跨步时称为右弧形步。

（1）左弧形步

动作方法：

实战姿势站立，以左脚为轴，右脚蹬地向左侧跨步，上体随之左转。

（2）右弧形步

动作方法：

实战姿势站立，以左脚为轴，右脚蹬地向右侧跨步，上体随之右转。

动作要点：

整个动作要协调一致。

易犯错误：

移动时身体重心不稳。

纠正方法：

由慢到快反复练习。

实战作用：

用于躲闪对方进攻及躲闪后反击。

5.跳换步

动作方法：

实战姿势站立，左右脚同时离地，以腰部力量带动双脚位置互换，落地后仍保持实战姿势站立。

动作要点：

换步要灵活，弹跳不宜太高。

易犯错误：

动作僵硬，弹跳过高。

纠正方法：

身体放松，以腰部的力量带动两腿完成换步。

实战作用：

调整实战姿势。

6.垫步

垫步分为前垫步和后垫步。

（1）前垫步

动作方法：

实战姿势站立，重心前移，右脚蹬地向左脚内侧并拢，同时左脚蹬地向前迈步。

动作要点：

右脚向前上步要迅速，不待右脚落地左脚就向前移动，移动的距离不要过大。整个动作要协调、连贯。

易犯错误：

动作僵硬。

纠正方法：

移动时身体要放松，脚下要有弹性。

实战作用：

①用于快速接近对手。

②连接横踢、下劈踢、侧踢等技术进攻对手。

（2）后垫步

动作方法：

实战姿势站立，左脚向右脚方向并拢，同时右脚蹬离地面向后移动，两脚落地呈实战姿势。

动作要点：

左脚撤步要迅速，整个动作要协调、连贯。

易犯错误：

参考前垫步。

纠正方法：

参考前垫步。

实战作用：

①用于拉开与对手之间的距离。

②用于连接横踢、下劈踢等技术反击。

7. 冲刺步

动作方法：

实战姿势站立，右脚向前上步呈左实战姿势，紧接着，左脚向前上步回到原来的位置。

动作要点：

两腿动作要迅速，频率要快，如冲刺跑一般。移动时的步幅不宜过大。

易犯错误：

身体僵硬，移动时前俯后仰。

纠正方法：

移动时身体要放松，要突出起动快、落地稳的动作特点。

实战作用：

①迅速接近对手；

②连接横踢、双飞踢等技术进攻。

（三）步法练习方法

步法练习方法包括练习前、后滑步，练习上步、后撤步，练习左右侧移步，练习原地跳换步，练习垫步，练习冲刺步，左右脚交替练习，基本掌握动作要领后将几种步法组合起来进行练习，结合同伴的口令或手势进行步法反应练习。

（四）步法练习小游戏

通过练习步法小游戏可以增强身体的平衡能力以及提高步法快速移动能力。

1. 游戏方法

将脚靶设置成障碍物，每间隔 1 米放置 1 个脚靶，通过快速越过障碍物来提高移动速度以及身体灵活性和协调性。可采用以下四种游戏方法：

一是单腿连续从脚靶上跳过。

二是两脚并拢从脚靶上跳过。

三是蛇行步从两个脚靶中间穿过。

四是波浪形侧移步绕过脚靶。

2. 游戏建议

一是单人练习。

二是两人一组进行比赛。

三是分组接力赛。

四是将练习者随机分成几个小组，每小组 4 个人，然后进行混合接力赛。

第三节　进攻技术

跆拳道的进攻技术由手的技术和腿的技术两部分组成，这里所介绍的进攻技术经常在比赛中被运用，练习时要仔细揣摩，以便为深入学习打好基础。

一、手的技术

手的技术是跆拳道的基础，在竞技跆拳道比赛中，可以使用手的进攻技术只有"正拳击打"一种，这里重点介绍拳的进攻技术。学习拳法技术之前，要了解拳法的发力顺序。在拳法的发力过程中，腰、腿和肩的作用是很大的，也就是说，冲拳的同时要借助蹬地、转腰、送肩、旋臂的力量，只有这样，才能将身体的力量集中在一点，从而发挥拳法的最大威力。

冲拳也称为正拳击打，是竞技跆拳道中唯一被允许使用的拳法技术，但仅限于击打对方的躯干部位。冲拳可以分为左冲拳和右冲拳两种。

（一）左冲拳

左冲拳是跆拳道实战中的重要攻击手段。在使用左冲拳时，运动员应保持实战姿势，利用右脚的蹬地力量，使左脚以前脚掌为支点进行旋转，同时将重心转移到左脚。在腰、肩部位随之旋转的同时，左拳从胸前向前直线冲出，右臂下格辅助左拳。冲拳时，拳心应向下，眼睛注视前方。完成冲拳后，要按原路返回，恢复实战姿势。

在使用左冲拳时，运动员需要注意协同发力、流畅协调的动作，以及完成后的放松与收回。协同发力要求腰、肩、臂、腿等部位的协调配合，使力量得到充分的发挥。流畅协调的动作则要求动作连贯、自然、不僵硬。完成后的放松与收回则要求冲拳后及时放松肌肉，按原路返回，保持实战姿势。在比赛中，运动员需要根据对手的情况和场上的形势来判断是否使用左冲拳，同时在使用左冲拳时也要注意身体的平衡和防守的严密性。

易犯错误：

①击打时只是手臂在做动作，没有充分利用蹬地、转腰、送肩和旋臂的力量，从而降低了拳法的力度。

②动作不协调，冲拳时因力量过大而失去重心。

纠正方法：

初学时，应由慢到快反复练习，理解冲拳的发力要领，待熟练后再加快速度完成练习，也可以面对镜子纠正错误动作。

实战作用：

在竞技跆拳道中，左冲拳是一种至关重要的防守和反击策略。例如，当对手使用横踢攻击我方肋部时，我方可以运用右手进行格挡，同时以左冲拳迅速反击对手的躯干，打乱其攻击节奏。此外，当对手前腿横踢攻击我方腹部时，我方可以运用右手下格进行防守，并配合左冲拳进行反击，借此寻找反击机会，并逐步获得比赛优势。

（二）右冲拳

竞技跆拳道中的右冲拳动作与左冲拳类似，但方向相反。在执行右冲拳时，右脚发力蹬地，将重心转移到左脚，同时右脚内扣转动。接着，髋关节与腰部协同转动，右拳从胸前直线冲出，左臂则进行下格辅助。在冲拳时，右拳的拳心应向下，眼睛注视前方。完成冲拳后，应立即放松肌肉，按原路线返回，恢复实战姿势。在实战中，右冲拳也可用于攻击和防守。例如，当对手横踢攻击我方右侧肋部时，我方可以迅速使用右冲拳进行反击，攻击对手的躯干。或者在对方前腿横踢攻击我方右侧腹部时，我方可以用右冲拳进行防守反击。

二、腿的技术

跆拳道的表现形式以腿法为主，被人们称为"踢的艺术"。腿法技术是竞技跆拳道的主要技术，也是跆拳道技术的重点，下面重点介绍跆拳道比赛中的基本腿法技术、高级腿法进攻技术、腾空腿法技术。

（一）基本腿法技术

基本腿法技术包括前踢、横踢、侧踢、劈踢、勾踢、推踢、后踢和后旋踢8种。

1.前踢

前踢是跆拳道基础腿法，虽不常在比赛中运用，但自卫或基础练习中经常使用。其动作要领包括右脚蹬地，重心向左脚转移，右脚正前方抬起，小腿紧绷，以膝为轴向前送髋、顶膝，小腿快速向前踢出，力量达到脚背或前脚掌。在执行动作时要注意提膝时小腿夹紧，踢腿迅速有力，髋关节向前送。初学者可扶支撑物体会提膝与踢腿的要点，熟练后再完整练习，也可面对镜子练习或与同伴一起练习，便于相互帮助纠正错误。

前踢在实战中可攻击对手的裆、下颌等部位。攻击裆可有效阻止对手进攻，攻击下颌则可迅速击倒对手。此外，前踢还可用来试探对手虚实及在乱战中快速占据优势。因此，熟练掌握前踢对跆拳道爱好者非常重要。

2. 横踢

横踢技术不仅是跆拳道比赛中的主要攻击手段，也广泛应用于日常训练中。根据多项赛事统计数据，横踢在比赛中的使用频率往往超过其他腿法，这与其简单易学和适应性强等特点密切相关。

横踢的基本动作要领相对简单，但要将其熟练运用需要长期的训练和磨炼。在执行横踢动作时，要求身体重心稳定，支撑脚跟内旋，同时迅速抬起另一条腿并向前弹出。击中目标时，要求脚背绷直以增强打击效果。完成攻击后，需迅速回收腿并保持实战姿势。

初学者在实际操作过程中往往会出现支撑脚跟未内旋、髋关节展开不足、回收腿时制动不充分等错误动作。为避免这些问题，建议初学者在练习时采取辅助动作，如手扶支撑物进行提膝、转体、弹腿的练习，以帮助熟悉正确的动作流程。同时，借助镜子或同伴的帮助也能有效观察和纠正错误。

横踢技术在实战中具有广泛的应用场景。在开式站立状态下，可突然使用横踢攻击对方的头部或腹部。当对方使用横踢进攻时，可向后撤步并同时用横踢反击对方的腹部。此外，当对方采用前腿下劈踢攻击头部时，可以向一侧跳闪并同时用横踢反击对方的腹部或头部。这些战术的运用需要结合实际情况和自身经验进行灵活应对。

3. 侧踢

侧踢是跆拳道中的重要攻击和防守技术，常用于攻击对方的躯干和头部，也可有效阻截对手的进攻。侧踢的动作要领包括站稳身体，将身体重心前移至左脚，右脚迅速蹬地并屈膝上提。同时，左脚以前脚掌为轴外旋约180度，迅速伸膝发力，右脚沿着直线向右前方踢出。踢击过程中，力量要达到脚外侧或整个脚掌，以增加打击力度。完成踢击后，右腿应迅速放松并按出腿路线返回，重新以实战姿势站立。

侧踢时需要注意提膝、转体与踢击的协调连贯，同时要转动身体、展开髋部，上体略侧倾。在踢击目标的瞬间，头、肩、腰、髋、膝、腿应在同一平面内，以确保最大的打击力量。侧踢的动作速度快、力量大，可直接攻击对手的弱点部位，是一种实用的技术。在跆拳道比赛中，侧踢技术也经常被选手运用在攻防转换中。

易犯错误：

①完成踢击动作时髋关节没有展开，造成肩、髋、踝不在一个平面。

②提膝时大、小腿收得不紧，上体侧倾过大，造成重心不稳。

③动作不连贯。

纠正方法：

在掌握技术要点的前提下，手扶支撑物，反复练习转体、收腿、提膝、踢击与回收动作，动作速度由慢到快。待动作熟练后，再配合步法做完整的动作练习。

竞技跆拳道中的侧踢技术具有极高的实用价值，可用于攻击对方的多个部位，如胸部、腹部和头部等。在开式站立中，侧踢可迅速出击，对对方的胸部造成冲击；在闭式站立中，侧踢则可有效地阻截对方的横踢攻击，同时也可以用来攻击对方的腹部或头部。掌握侧踢技术对于提高选手在比赛中的表现至关重要，因为其不仅可以增强打击力度，还可以提高攻防转换的灵活性。因此，在训练中，应注重对侧踢技术的练习和掌握，以提升自己的竞技水平。

4. 劈踢

劈踢是跆拳道中极具杀伤力的腿法，也是跆拳道招牌动作之一。劈踢主要用于攻击对方的头部、面部和肩部，给对方造成重大的伤害。

劈踢的动作要领包括站稳身体，右脚踏地，身体重心移至左脚，以左脚为支撑，将左脚跟抬起。随后右腿快速向上踢过头顶，左髋关节向上送出，右膝伸直紧贴上体。这个动作要迅速而有力，让力量从腰部和髋关节处传递到右腿。紧接着右腿迅速向前下方劈落，力量达到脚跟或脚前掌。这个动作需要将全身的力量汇聚到右脚，让右腿像一把利剑向下劈开。完成劈踢后，小腿放松并下落至实战姿势站立。

进行劈踢时要注意身体的平衡和重心的控制，以免因为用力过猛而失去平衡。劈踢是一种非常危险的腿法，需要高度的技巧和力量才能掌握。在比赛中劈踢使用得当，可以给对手造成致命的伤害。因此，初学者应该在专业教练的指导下进行练习，并注意安全。

易犯错误：

①起腿高度不够，支撑脚脚跟没有离地，髋关节没有上送。

②下劈时膝关节和踝关节过于紧张，造成动作僵硬。

③下劈、下落时没有控制重心，落地太重。

在竞技跆拳道中，劈踢具有极高的实战价值，是进攻和反击的利器。在闭式站立中，下劈踢可以精准攻击对方头部，给对手造成重创。当对方使用横踢进攻时，也可以抢先使用下劈踢反击对方头部，打乱对方的攻击节奏。

5.勾踢

勾踢是跆拳道中极具杀伤力的侧向进攻腿法，主要用于攻击对手头部的侧面。在执行此动作时，需保持实战姿势站立，随后右脚蹬地发力，身体重心前移至左脚，同时右腿屈膝提起。此时左脚以前脚掌为轴心，脚跟向内旋转约180度，右腿膝关节向左内扣，右小腿由外向内伸出并尽量伸直。随后以脚掌为发力点向右侧摆击，右腿迅速放松回收。熟练掌握勾踢技术对于在比赛中的得分和击败对手至关重要。勾踢不仅可以直接攻击对手的头部，还可以在对方攻击时迅速反击，打破对方的攻势。

易犯错误：

①身体过于后仰。

②身体紧张，勾踢时小腿没有内扣，动作僵直。

③鞭打后身体因用力过猛失去控制。

纠正方法：

①在理解和掌握动作要领的基础上，由慢到快进行练习。

②可在同伴的帮助下互相观摩纠正。

③面向镜子纠正错误动作。

竞技跆拳道中的勾踢是一种非常实用的技术，既可以用于攻击，也可以用于防守。通过调整距离，可以迅速发动勾踢攻击对方的面部，给对方造成伤害。当对方使用横踢进攻时，也可以抢先一步使用勾踢反击其头部，打乱对方的攻击节奏。因此，在训练中应该注重勾踢技术的练习和掌握，以提高自己的竞技水平和实战能力。

6.推踢

竞技跆拳道中的推踢是一种迅速、有效的腿法技术，主要用于阻截对方的进攻或与其他动作配合进攻。推踢的起动迅速，能够出其不意地破坏对方的平衡和进攻节奏，使对方措手不及。在实战中，推踢很少直接得分，但其作用不可忽视。

在执行推踢动作时，需要注意将大、小腿夹紧，腿法运行路线水平向前，同时利用身体重心的前移来加大腿法的力量。推踢的动作要领包括提膝、送髋、伸腿三部分。提膝时大腿应尽量抬起，脚跟向前顶，脚尖向前下方；送髋动作要领是上体前倾，髋关节前送；伸腿动作要领是脚尖朝前下方，用脚掌向前上方蹬出。熟练掌握推踢技术后，可以将其与其他技术结合使用，增加攻击的多样性和威力。

易犯错误：

①击打腿过于僵硬，提膝时没有贴近上体，因此发力不足，力量过小。

②击打腿的运行路线不是水平的，上体后仰过大，不易衔接其他腿法。

纠正方法：

可做提膝与推踢的分解练习，待动作正确后再完整练习。

竞技跆拳道中的推踢不仅可用于正面进攻对方的胸部，还可以在对方转身攻击或反击时抢先攻击其后背或臀部，以有效干扰对方的进攻。这种腿法能够迅速破坏对方的平衡和进攻节奏，使对方措手不及。在实战中，推踢的运用需要结合其他技术，以增加攻击的多样性和威力。熟练掌握推踢技术对于提高自己在比赛中的战斗力至关重要。

7. 后踢

后踢是跆拳道中一种利用转身攻击对手的技术，具有较高的实战价值。在执行后踢动作时，先需注意保持实战姿势站立；然后通过右脚蹬地和重心转移，形成背向对手的姿势；接着右脚着地提起，左腿支撑，右腿折叠，髋关节收紧，脚尖勾起；随后右肩微微下沉，迅速向后展髋伸膝，沿直线向后踢，同时上体侧倾，力量达到脚跟；最后，完成动作后，上体右转，右脚向前落步，形成右实战姿势站立。

练习后踢时，需要注意动作的连贯性和发力方式。初学者往往会出现踢击腿路线不直、左右偏斜或弧线出腿现象，或者在转身、提腿、后踢时动作过大，容易被对方反击。此外，初学者还容易犯的错误包括转身、提腿、后踢三个动作不连贯，使踢击力点不准。

练习时可以手扶支撑物单独练习，也可以两人一组，由同伴双手扶双肩由慢到快地反复做提腿与后踢动作，领会动作要领和腿法运行路线，待熟练掌握后再配合转体动作完整练习。

竞技跆拳道中的后踢技术具有多种实战功能。后踢技术可以用于主动进攻，如攻击对方的胸部、腹部或头部，也可以用于防守反击，如应对对方的进攻。在实战中，后踢的运用需要精准的技巧和判断力，一旦掌握要领并经过充分练习，便能在实战中展现出巨大的威力。通过准确的时机把握和巧妙地运用，后踢技术可以在比赛中发挥关键作用，帮助运动员取得优势并获得胜利。

8. 后旋踢

后旋踢是跆拳道中一种具有显著力量的转身腿法。与后踢相比，后旋踢更具技巧性和威力。在实战中，后旋踢不仅能够单独用于进攻，如攻击对方的头部、颈部和胸部，也可以与其他技术配合进行攻击，甚至可用于反击，恰当使用可对对方造成较大伤害。

后旋踢的动作要领包括：以实战姿势站立，身体重心自然转移到左脚；以左脚为轴心，进行约 90 度的内旋，伴随着左膝关节的内扣，右脚以前脚掌着地并外旋，使背朝向对手；右腿的蹬地和起腿，腰部带动身体向右后转动；右腿随转体向右上方屈膝提起；用右脚掌自左至右沿弧线进行踢击，接近目标时右腿伸直，力量达到脚掌；完成踢击后迅速恢复实战姿势站立。

对于初学者而言，在练习后旋踢的过程中容易出现一些常见错误。例如，在转体的过程中，上体出现严重的晃动，导致身体失去平衡；过早或过晚起腿，使力量的传递无法在正前方达到最佳效果；转体的角度不足，造成过早出腿或完成转体动作后才出腿；动作不连贯，出现停顿现象。

为了纠正这些错误，初学者可以采取一系列措施。首先，在初学阶段，可以通过手扶支撑物进行动作分解练习，重点强调摆腿的发力点；其次，可以通过面向镜子或在同伴的帮助下进行观摩纠正；最后，经过反复练习，直至动作正确为止。

在实战中，后旋踢具有至关重要的作用。后旋踢可以用于主动进攻对方的头部、颈部和胸部，也可以在对方进攻时进行反击。例如，当对方以横踢进攻头部时，我方可以迅速以后旋踢进攻对方的头部，或者在对方以左腿横踢进攻时，我方以后旋踢反击对方的头部。

除了直接进攻，后旋踢还可以与其他技术配合使用。例如，可以先使用拳法或腿法让对手做出反应，再以后旋踢进行反击。此外，在处于劣势的情况下，后旋踢也是扭转战局的有效武器。只要使用得当，后旋踢就能在关键时刻给对方造成伤害。

在跆拳道比赛中，后旋踢的使用需要高超的技巧和准确性。选手需要具备敏锐的判断力和反应能力，才能在激烈的对抗中准确捕捉到对手的破绽并予以反击。因此，要想在跆拳道比赛中取得胜利，熟练掌握后旋踢等基本腿法技术是必不可少的。

（二）高级腿法进攻技术

高级腿法进攻技术分为前腿横踢、前腿侧踢、前腿推踢、前腿劈踢 4 种。

1. 前腿横踢

竞技跆拳道中的前腿横踢技术是一种涉及精细动作要领的攻击方法，其核心特点在于迅速的动作过渡以及横向的弧线形击打。前腿横踢技术的运用不仅能够体现运动员的身体协调性，而且能够展示运动员力量传递和战术策略等多方面的能力。

在实战姿势站立时，运动员右腿向前垫步的同时，激活左腿的屈膝动作，使大腿接近水平位置，在此过程中紧夹膝关节。随后，右脚以前脚掌为轴心进行脚跟的内旋动作，带动上体微向右侧转体。在转体的过程中，大、小腿在横向方向上由外向上、向前、向内呈弧线形摆击，力量传递到脚背上。在完成攻击后，小腿、大腿、腰部基本呈直线，并按照原路线收回，重新恢复实战姿势站立。

对前腿横踢这一动作的掌握，运动员需要关注多个技术要点。首先，要保证动作之间的快速衔接，以维持攻击的连续性和突然性。其次，横踢动作要迅速伸膝发力，以确保打击力量的充足和迅速。最后，要借助转腰的力量来加大打击力度，以增加攻击范围和效果。上体的姿势和角度也是影响打击效果的重要因素，应保持上体稳定且稍微向一侧倾斜，避免因倾斜过大而影响攻击的准确性。在横踢的瞬间，同侧手应置于大腿外侧维持身体平衡，而异侧手则置于下颌外进行防守或应对潜在的对手反击。

熟练掌握前腿横踢技术能够显著提高运动员在比赛中的攻击力和防御力。前腿横踢技术不仅需要身体的柔韧性和协调性，还需要精确的力量控制和战术意识。

因此，对前腿横踢技术的深入理解和实践训练，对于提高竞技跆拳道运动员的整体水平具有重要意义。前腿横踢技术的运用能够有效地提高运动员的竞技能力和战术意识，是跆拳道比赛中的重要得分手段。

易犯错误：

①出现直腿横踢。

②打击的力点不准。

纠正方法：

①前腿横踢击打时，膝关节应放松并向内扣。

②打击路线应是横向的，不能向上撩摆。

实战作用：

①非比赛时低位攻击对方大、小腿，也可以作为假动作误导对方，我方伺机进攻。

②比赛时，中、高位攻击对方头、胸、腹部，也可以配合步法进行反击。举例如下：

例一，双方实战姿势站立，我方突然向前垫步，以前腿横踢进攻对方的腹部或头部。

例二，双方闭式站立，对方以前腿下劈进攻我方头部，我方在向左侧滑步躲闪的同时，以前腿横踢反击对方的腹部或头部。

2. 前腿侧踢

动作方法：

实战姿势站立；右腿向前垫步，身体重心后移，左腿屈膝提起，与腰同高，大腿贴近胸部，小腿收紧，脚尖自然勾起，双手握拳呈实战姿势；身体向右侧后仰；同时，大腿猛力伸直，带动脚掌向前沿直线踢击，发力的同时展髋，支撑腿脚尖指向侧后方，此时左手置于出腿大腿侧上方，右手置于胸前防守；动作完成后按原路线收回，呈实战姿势站立。

动作要点：

配合垫步练习时，垫步与侧踢衔接顺畅；提膝与侧踢腿动作要协调一致。

易犯错误：

击出腿不能成一条直线，力点不准，击打距离短。

纠正方法：

①初学者可扶支撑物或栏杆，反复练习提膝踹腿动作，体会动作要领，使提膝、踹腿动作连贯有力。

②踹腿完成时，大腿应保持一条直线，在发力过程中，应避免以膝关节为轴弹踢。

实战作用：

用于攻击对方头、胸、腹、髋、腿、膝等部位或结合步法、拳法直接进攻，也可以用于阻截对方进攻。举例如下：

例一，双方闭式站立，我方突然向前垫步，同时以前腿侧踢进攻对方的胸部或头部。

例二，双方闭式站立，对方以横踢进攻我方，我方抢先以前腿侧踢反击对方的腹部，阻击对方进攻。

3. 前腿推踢

动作方法：

实战姿势站立；右脚向前上步；左腿收紧，小腿屈膝上提；右脚以脚前掌为轴，外旋约90度，上体略后仰，随即左腿以膝关节为轴迅速向前推踢，力达脚前掌；动作完成后，右腿放松，呈实战姿势站立。

动作要点：

垫步与推踢要协调、连贯，发力时应控制，避免因用力过猛而失去重心；力达脚前掌；其他参考推踢。

易犯错误：

上步与推踢动作不连贯。

纠正方法：

可由慢到快，做上步与推踢的分解练习，待动作协调、连贯后，再完整练习。

实战作用：

用于进攻对方的胸部或阻截对方进攻动作。举例如下：

例一，双方实战姿势站立，我方突然调整距离，以前腿推踢对方的腹部。

例二，双方闭式站立，对方利用后踢进攻我方，我方在准确判断对方动作意图的前提下，待其转身之际，以前腿推踢阻截对方的进攻。

4. 前腿劈踢

动作方法：

实战姿势站立；右腿向前垫步，左腿提起，左侧髋关节上送；右脚跟抬起；左腿快速踢过头顶，然后迅速向下方劈落，力达脚跟或前脚掌；动作完成后，迅速呈实战姿势站立。

动作要点：

步法与劈腿配合要快。

易犯错误：

①脚跟不离地，没有送髋举腿动作。

②下劈过于用力，失去控制。

③身体过分后仰。

纠正方法：

可面对镜子放慢动作练习，重点体会动作要领和动作路线。

实战作用：

①用于进攻对方头部。

②用于配合步法进行反击。举例如下：

例一，双方实战姿势站立，我方后脚向前起跳的同时以前腿下劈踢对方的头部。

例二，双方实战姿势站立，对方在以横踢进攻时，我方重心后移迅速提起左腿，以下劈踢反击对方的头部。

（三）腾空腿法技术

腾空腿法技术是指运动员身体处于腾空和半腾空状态下完成的攻防动作。腾空腿法技术动作难度大、杀伤力强，比赛中运用得好会给对手重创。腾空腿法技术内容很多，有双飞踢、旋风踢、腾空后踢、腾空下劈、腾空后旋踢等。

1. 双飞踢

双飞踢是跆拳道实战中的一种重要技巧，具有突发性强和得分率高的特点。运动员通过迅速完成两次或多次的横踢动作，在空中进行攻击。双飞踢分为前腿双飞踢和后腿双飞踢两种。

　　前腿双飞踢的要领包括：实战姿势站立，右脚向前垫步，左腿快速向前做前腿横踢动作，右脚迅速向前起跳做横踢动作，两腿动作完成后立即放松并重新站立。前腿双飞踢的攻击目标为对方的头部、胸部和腰部，能迅速击中对手，短时间内连续攻击，可使对手难以防守。

　　后腿双飞踢的要领包括：实战姿势站立，身体重心移至左脚，右腿快速向前做横踢动作，左脚迅速向前起跳做横踢动作，两腿动作完成后立即放松并重新站立。后腿双飞踢攻击目标同样为对方的头部、胸部和腰部，能从不同角度对对手进行攻击，通过连续攻击使对手无法反击。

　　在练习双飞踢时，需要保证动作的连贯性，第一次击打力量应小于第二次，有利于双腿的连贯发力。同时要注意，击打时髋关节要充分前送，膝关节和小腿要放松，上体随之转动，小腿犹如鞭子一样向前摆击。双飞踢的动作方向应该是向前而不是向上。在练习时，身体要放松，动作起动要快。通过练习双飞踢，运动员可以增强自己的攻击力和防御力，提高自己的实战水平。同时，双飞踢也是一种非常实用的技巧，可以帮助运动员在比赛中获得高分。

　　易犯错误：

　　①动作僵硬；没有送髋，大小腿僵直；动作衔接性差。

　　②起跳过高。

　　③动作不连贯。

　　纠正方法：

　　初学者练习动作时要注重动作的规范性与连贯性，不要一味强调力量和速度，在能够正确掌握动作要领后，再提高动作速度。另外，练习时身体要放松，否则会出现动作僵直现象。

　　实战作用：

　　用于进攻对方的胸部、腹部或头部，也可用于反击。举例如下：

　　例一，双方实战姿势站立，我方突然用前腿双飞踢分别进攻对方的胸部和头部。

　　例二，实战中双方贴近，我方突然调整距离，以前腿双飞踢分别反击对方的胸部和头部。

2. 旋风踢

动作方法：

实战姿势站立；右腿抵地，身体重心移至左腿，以左脚前脚掌为轴，身体向右后转体 360 度，转体的同时右腿提起并随之转动；当转动至正前方时，身体稍后仰，右腿下落的同时左腿蹬地向前做左腿横踢动作，动作完成后，呈右实战姿势站立。练习时可左右交替练习，右腿练习时动作与左腿相反。

动作要点：

①旋风踢转体时，提膝腿应围绕支撑腿转动，两大腿内侧的夹角不宜过大。

②击打时，击打腿的脚面要绷直，踝关节要放松。

③转体动作要迅速连贯。

易犯错误：

①击打腿的大、小腿折叠角度不够，击打力度太小，没有鞭打的效果。

②击打腿脚面没有绷直。

③上体没有稍向后倾或后倾过大，造成击打腿没有完全伸直，击打距离过短或重心不稳。

④动作不连贯，旋转腿在转体的过程中过早落地。

纠正方法：

在初学时，可以把整个动作分解成三步进行练习。第一步，左实战姿势站好后，以左脚为轴向右后转体，转体后，右脚落地成右实战姿势站立，然后做左腿横踢动作，此时，主要强调动作的协调性和稳定性。第二步，转体后右脚不落地，但要有短暂的停顿，落地的同时左脚蹬地做横踢动作。此时，主要强调转体后右脚落地动作与左脚横踢动作的协调性。第三步，完整练习，在保证动作正确的前提下，强调动作的连贯性、准确性与速度。练习过程中可以面向镜子或在同伴的帮助下进行纠正。

实战作用：

旋风踢主要用于中远距离的进攻，进攻部位为腹部、胸部和头部，也可以用于反击。举例如下：

例一，双方实战姿势站立，我方调整距离，以旋风踢进攻对方的腹部或头部。

例二，实战中对方运用腿法进攻我方，我方在向后躲闪的同时，以旋风踢反击对方的胸部。

3. 腾空后踢

（1）原地腾空后踢

动作方法：

腾空后踢要求双脚同时腾空，边腾空边转身，尽力跳到最高点时后腿蹬出发力，腾空高度较高。原地腾空后踢技术在实战中运用较少，但必须练习，为最难的助跑腾空后踢做基础。

注意事项：

两脚同时发力，不可单脚发力。

（2）反击腾空后踢

动作方法：

反击腾空后踢是在转身后踢的基础上增加了一个支撑腿向前腾空的动作，腾空高度很小，但平行移动较大，目的是增加打击远度和力度，此技术较为容易，只要将基本的后踢练会，就比较容易掌握。反击腾空后踢技术在实战防守反击中运用非常多。

注意事项：

注意转身腾空时身体的协调配合，将支撑腿由弯曲到伸直、进攻腿蹬出、身体扭转三者的力合在一起发出，可使威力达到最大。

4. 腾空下劈

动作方法：

以左站姿准备姿势站立，将身体重心移到左腿，右腿提膝向上，身体向上跃起，左脚同时蹬地，腾空而起，右腿用下劈技术打击对手脸部。

注意事项：

腾空下劈适合在和对手距离中等时使用，两臂有力上摆，再配合右腿上提及左腿蹬地，使身体腾空而起，攻击对手脸部。

5. 腾空后旋踢

动作方法：

从实战姿势开始，双脚以两脚掌为轴旋转约 180 度，身体稍右转，双拳置于胸前。上身右转与双腿呈一定角度，右腿直腿向后上摆起，继续向右后旋摆鞭打，同时上身右转，带动右腿弧形摆至身体右侧，右腿屈膝收回。双脚落至右后，恢复实战姿势。

注意事项：

腾空、旋转和踢腿要连贯、一气呵成。注意打击点在正前方，呈水平弧线，屈膝起腿旋转的速度要快，重心要稳，旋转360度。

第四节　防守技术

进攻与防守是矛盾的，也是相生相克的，但都是跆拳道技术中不可缺少的组成部分。一名高水平的跆拳道运动员除了要掌握娴熟的进攻技术，还要熟练掌握防守技术。建立稳固有效的防守意识，化解对方的进攻，从而在防守的基础上反击对方，达到战胜对方的目的。

一、接触式防守

在竞技跆拳道比赛中不允许使用抓、推、抢、摔、夹等方法防守，但可以利用手臂或手刀去格挡。格挡技术按其方向可分为上格挡、下格挡、侧格挡和阻挡4种。另外，截击防守也是接触式防守中的上乘技术。

（一）上格挡

利用手臂或手刀自下向上的格挡动作称为上格挡。

动作方法：

实战姿势站立；右（左）手握拳，手臂沿身体正中线向上迅速上格，格挡时前臂与地面平行，格挡的位置应在头部的正上方；格挡时前臂内旋，以尺骨外侧阻挡对手的攻击腿。

动作要点：

判断对手进攻要准确，上格要迅速有力。

易犯错误：

格挡时手臂距离头部太近，造成防守效果不好。

纠正方法：

上格挡时，手臂应完全保护住自己的头部，以尺骨外侧接触对方的攻击腿。

实战作用：

上格挡在竞技跆拳道比赛中，主要用于防守对方劈踢的进攻。

（二）下格挡

利用手臂或手刀自上向下的格挡动作称为下格挡。

动作方法：

实战姿势站立，身体重心向前移动，用前臂向下或向斜外侧格挡对方的攻击。

动作要点：

应以前臂尺骨外侧接触对方的攻击腿。

易犯错误：

格挡动作幅度太大。

纠正方法：

格挡时要善于化解对手的力量，动作幅度不宜过大。

实战作用：

下格挡主要用于防守对方使用前踢或横踢攻击腹部或肋部。

（三）侧格挡

利用手臂或手刀向左或向右的格挡动作称为侧格挡。

动作方法：

实战姿势站立，用前臂向左或向右格挡对方的攻击。

动作要点：

侧格挡动作要迅速果断，用前臂的尺骨或桡骨外侧格挡对方的攻击腿。

易犯错误：

向外格挡的动作幅度太大，容易给对方造成反击的机会。

纠正方法：

可两人一组进行反复练习，也可以面向镜子，由慢到快进行练习。练习过程中反复体会动作原理，正确把握格挡的时机和部位，直到熟练为止。

实战作用：

向左、右侧格挡技术在跆拳道比赛中运用较多。在比赛中，对手沿水平方向进攻，自己的拳和腿都可以用侧格挡的方法进行防守。

（四）阻挡防守

阻挡防守是把手臂贴放在自己的得分部位，来降低对方打击力度，令对方难以得分。

动作方法：

实战姿势站立，用手臂贴放在自己的得分部位上。

动作要点：

阻挡防守时，手臂与身体应保持适当的距离，既不过紧也不过大。

易犯错误：

防守时机把握得不对，导致防守效果差。

纠正方法：

注意判断对手的攻击意图，及时地做出反应。

实战作用：

用于防守对方对躯干部位的进攻。

（五）截击防守

截击防守是指利用进攻技术阻截或破坏对手的进攻，从而达到防守的目的。截击防守是竞技跆拳道比赛中运用较多的防守方法，也是比较上乘的防守技术。

动作方法：

对方在使用双飞踢进攻我方时，我方在准确判断对方动作意图的前提下，以侧踢后发先至，以攻代防阻截对方。对方在使用下劈踢进攻我方时，我方在准确判断对方动作意图的前提下，运用勾踢以攻代防。

动作要点：

在竞技比赛中，要充分利用规则允许的技术动作进行以攻代防和反击。另外，防守和反击时要准确把握时机。

二、非接触式防守

非接触式防守是利用步法或身法的移动，来改变双方之间的距离和角度，使对方进攻动作不能有效地接触到目标。非接触式防守可以分为利用距离防守和利用角度防守两种。

（一）利用距离防守

利用距离防守包括两种形式：一是利用步法拉大与对方的距离，使自身退出对方的有效攻击范围；二是利用步法缩短距离，贴近对方，造成对方攻击的力点因超越目标而失去作用。举例如下：

例一，在实战中对方运用横踢进攻我方腹部时，我方迅速向后跃步远离对方，造成对方的横踢落空。

例二，在实战中对方运用横踢进攻我方腹部时，我方迅速向前上步，使对方踝关节的力点超越允许的攻击部位，而失去作用。

（二）利用角度防守

利用角度防守是指通过调整与对方的相对角度来进行防守的方法。即通过步法向左、向右、向前、向后移动，改变与对方的位置角度，使对方在原来位置上的进攻失去意义，从而达到防守的目的。当移动到有利于反击的位置时，可以进行有效的反击。举例如下：

例一，比赛中对方利用劈踢进攻我方头部或肩部，我方向右（或左）移动，使对方的进攻落空。

例二，对方利用后踢进攻我方腹部或胸部时，我方向左或向右移动，使对方的进攻动作落空。

例三，对方用横踢进攻时，我方向左（右）前方上步，使对方的进攻动作落空。

实战中对方使用的直线形或弧线形的腿法攻击，都可以用此方法防守。利用角度防守不但效果好，而且很容易给自己创造出最佳的战机。

第五节 防守反击技术

防守反击是跆拳道比赛中最常用的技法之一，也是实战中必备的技能。防守反击技术组合包括直接进行反击和间接进行反击两种。在熟练掌握基本技术的前提下，练好防守反击的关键是意识的培养和时机的把握。如果脱离了"时机"和"意识"，就会出现防守不能反击或反击不能防守的问题。这一节将列举几个比赛中常用的防守反击技术，供大家参考练习。

一、后滑步→横踢反击

双方闭式站立，对方以前腿横踢进攻我方，我方向后滑步防守，同时，以横踢反击，进攻对方的肋部。

动作要点：

后滑步与横踢反击衔接要快。

二、撤步→旋风踢反击

实战中对方以横踢进攻我方，我方以右腿为轴，向后撤步防守，随即以旋风踢反击对方。

动作要点：

时机把握要准确，撤步与旋风踢反击衔接要一气呵成。

三、上步假动作→高横踢反击

双方对峙，我方突然上步，以假动作佯攻对方。此时，对方运用右腿横踢进攻我方腹部，待对方出腿瞬间，我方以右腿横踢后发先至，抢占空间反击对方的头部。

动作要点：

假动作要逼真，高横踢击头要准确有力。

四、换步假动作→后旋踢反击

双方闭式站立，我方突然换步，以假动作佯攻对方，待对方运用下劈踢或横踢进攻时，我方以后旋踢反击对方头部。

动作要点：

假动作佯攻时，要注意对方的反应，后旋踢反击要准确、迅速。

五、前腿横踢进攻→下劈踢反击

我方以前腿横踢进攻对方，待对方横踢反击时，我方突然运用下劈踢反击对方的头部。

动作要点：

下劈反击时要把握好时机，应在对方反击腿发动时出腿，并且要抢先击中对方。

六、下格防守→双飞踢反击

对方运用前腿横踢进攻我方，我方运用下格挡防守，待其进攻腿即将落地的瞬间，我方运用双飞踢反击对方。

动作要点：

防守要到位，双飞踢反击要把握好时机。

第六节　攻防技术组合

一、练习内容及目的要求

（一）练习内容举例

第一，前腿横踢进攻→前腿下劈踢反击。

第二，前腿横踢进攻→后跃步→横踢反击。

第三，前腿下劈踢进攻→后跃步→前腿横踢反击。

第四，前腿双飞踢进攻→后踢反击。

第五，前腿高横踢进攻头部→前腿侧踢截击。

第六，前腿横踢进攻→后跃步→前腿高横踢组合。

第七，前腿横踢进攻→后跃步→后腿下劈反击。

第八，前腿侧踢进攻→跳步前下劈进攻。

第九，前腿横踢进攻→前进攻。

第十，前腿横踢进攻→换步→后旋踢反击。

第十一，前腿下劈反击→后腿双飞踢进攻。

第十二，前腿推踢进攻→后下劈进攻→后踢反击。

第十三，前腿横踢进攻→后旋踢反击。

第十四，后跃步→前腿横踢反击→旋风踢反击。

第十五，后腿横踢进攻→旋风踢进攻→后旋踢进攻。

第十六，后腿双飞踢进攻→侧移步→前腿双飞踢反击。

第十七，后腿高横踢进攻→前腿横踢进攻后→跃步横踢反击。

第十八，后腿双飞踢进攻→后跃步→前腿下劈踢反击。

第十九，后腿横踢进攻→后踢进攻。

第二十，跳换步后腿横踢反击→后旋踢反击。

第二十一，后旋踢反击→后旋踢进攻→旋风踢进攻。

第二十二，后腿下劈踢进攻→后跃步→后踢反击。

第二十三，后腿高横踢进攻→后跃步后踢反击。

第二十四，上步假动作→后踢反击。

第二十五，跳换步假动作→后腿横踢进攻→前腿双飞踢进攻。

第二十六，原地假动作佯攻→前腿横踢进攻→前腿劈踢进攻。

第二十七，上步假动作→后下劈进攻→双飞踢反击。

（二）练习目的及要求

练习目的：培养进攻反击技术的组合能力，建立攻防意识。

练习要求：动作衔接要快，两人对练或利用脚靶、护具练习时要保持适当的距离，一般以实战的距离为佳，不要距脚靶、护具过近或过远，每项内容6～8次每组，多组重复。

二、练习方法

运动员可独自进行空击练习，也可以在同伴或教练员的帮助下使用脚靶、沙包或护具练习，练习时左右腿交替进行。

三、影响攻防控制的因素

控制攻防节奏是跆拳道比赛中决定胜负的关键因素。在比赛中，选手需要通过巧妙地调节攻击和防御的速度、连贯性和节奏感，来掌握比赛的主动权，让对手陷入被动。攻防节奏的控制不仅涉及攻击动作的速度，还与动作的连贯性和节奏感密切相关。选手需要时刻保持专注，抓住关键时机，迅速采取行动，以便在短时间内取得优势。为了更好地控制攻防节奏，选手需要具备优秀的战术意识和精准的判断能力，根据对手的特点和表现，灵活地调整自己的策略和节奏。在攻击时，选手需抓住对手的破绽和弱点，迅速发起攻击，并保持动作的连贯性和节奏感。在防御时，选手需时刻保持警惕，迅速做出反应，并采取有效的防御措施。同时，整体速度的变化也是控制节奏的重要方面。选手需要根据比赛的需求和对手的反应速度，适当调整自己的速度，让对手难以捉摸。通过掌握好攻击和防御的时机，选手可以更好地把握节奏，使对手难以适应。此外，利用各种技巧，如假动作、虚晃和快速反击等，可以扰乱对手的节奏感，使其节奏紊乱。

在竞技跆拳道比赛中，攻防控制是取得胜利的关键。动作力度、身体素质和持续锻炼是影响攻防控制的重要因素。

首先，动作力度是攻防控制的核心。在比赛中，运动员通过控制动作力度，能够实现对对手的威慑和节奏的掌控。力度过小可能无法有效击中对手，而力度过大可能导致失去平衡和打乱自己的节奏。因此，运动员必须掌握准确的力量控制技巧，并通过实践和经验积累，逐渐提高动作力度和准确性。

其次，身体素质对攻防控制具有重要影响。在跆拳道比赛中，身体素质涵盖力量、柔韧性和敏捷性等方面。力量是控制动作力度的基础，柔韧性可以使动作更加流畅和自然，敏捷性则可以让运动员更快地应对对手的攻击和抓住对手的破绽。因此，运动员需要通过有针对性的训练，提高身体素质，以更好地掌控比赛的节奏和局面。

最后，持续锻炼是提高攻防控制能力的关键。只有通过不断地训练和积累经验，运动员才能真正掌握跆拳道的精髓和技巧。在锻炼中，运动员需要注重全面性和多样性，包括技术训练、身体素质训练和战术训练等方面。同时，将锻炼融入日常生活，形成良好的习惯和规律，也有助于提高攻防控制能力。

在竞技跆拳道比赛中，攻防策略的实施与控制占据核心地位。除了运动员身体素质和技巧熟练度等因素，战术意识在比赛中发挥的作用也不容忽视。战术意识是指运动员在比赛过程中具备的全局观察、分析与决策能力。这要求运动员具备敏锐的洞察力，能准确识别比赛中的机会和威胁，并灵活调整自己的战术策略。

在竞技跆拳道比赛中，战术意识体现在技术动作的精准掌控、比赛节奏的合理调整以及对对手行为和反应的细致观察和分析上。当一方陷入另一方节奏时，战术意识的运用显得尤为关键。保持冷静、敏锐的思维，及时调整自己的作战策略，诱导对方露出破绽或打乱其节奏，从而抓住机会给予对方重击并赢得分数。此外，战术意识还要求运动员具备全面的技术和灵活的应变能力。在比赛中，运动员需要不断观察和分析对手的表现和反应，根据实际情况调整自己的战术策略。这需要运动员具备较高的智商和情商，以及较强的临场应变能力。

在竞技跆拳道比赛中，技术动作的掌握程度和灵活运用能力对攻防节奏的控制至关重要。运动员对技术动作的熟练度和精通程度直接决定了其比赛表现，并深刻影响其在比赛中的节奏掌控能力。对于攻击而言，精确掌握技术动作有助于运动员更好地调控攻击的速度和力量，从而有效打击对手。

在攻击过程中，通过精准控制动作的幅度、角度和力度，运动员能够达到最佳的打击效果，同时避免过度消耗体力。此外，熟练的技术动作还有助于提高运动员在攻击时的连贯性和节奏感，使攻击动作更加流畅、自然，从而更好地掌控比赛的主动权。

在防御过程中，熟练的技术动作同样发挥着重要的作用。面对对手的攻击，运动员需要快速、准确地运用闪避、格挡、反击等技术来化解危机。精确掌握技术动作能够提高运动员在防御时的反应速度和应对能力，使他们在面对对手攻击时能够做出及时、有效的防御反应，从而更好地保护自己并寻找机会进行反击。

此外，对技术动作的掌握程度还会直接影响到运动员在比赛中的心理状态和自信心。当运动员对技术动作掌握得十分熟练时，他们在比赛中就能够自信地面对对手，更好地发挥自己的实力。这种自信心的提升有助于运动员在比赛中更加自如地把握攻防节奏，充分发挥出自己的优势和潜力。

第七节　竞技跆拳道战术

一、战术相关概念辨析

"战术"本来是用于描述军事行动的专门术语。在北京体育大学教授田麦久主编的《运动训练学》中对竞技战术是这样定义的：竞技战术指在比赛中为战胜对手或为表现出期望的竞技水平而采取的计谋和行动。[1]在竞技领域中，战术包括战术观念、战术指导思想、战术意识、战术知识、战术形式和战术行动等方面。其中战术观念是基于竞赛战术概念、战术价值效果以及应用条件的分析和思考，得出的一种认知和理解方式。战术意识是指竞技者在竞赛中设计和采取一系列战术行为以实现某种战术目的的思维活动。在瞬息万变的竞技比赛中，对赛场形势进行快速、准确的观察，进而灵活应对、作出恰当的行动决策，是跆拳道竞赛中一项关键性能力。战术知识是指与竞赛战术相关的理论和实践知识，包括经验性知识和理论性知识。战术知识涉及专项战术的运用原则和方式、战术的发展趋势，以及竞赛规则对战术运用的限制。在竞技跆拳道中，战术知识是运动员运用战术的基础，是其取胜的关键。

二、战术的运用情况

（一）战术分析

战术是指为了完成战术意图而由各种技术动作组成的具体方法。按照竞技跆

---

① 田麦久. 运动训练学 [M]. 北京：人民体育出版社，2000.

拳道战术的表现形式，可将常用的战术分为以下几种类型：

1. 反击战术

反击战术指的是抓住对手攻击时机，反过来攻击对手，夺取进攻优势，寻求得分。跆拳道这种搏击性对抗中有以静制动、后发先至的说法，其原因在于，在主动进攻的过程中，运动员的防御会出现漏洞，将身体某处暴露在对方的攻击范围内。而以静制动指的是抓住主动进攻的这种特性，不主动攻击，而是在对方进攻时，抓住时机，后发先至，击中对方。

2. 强攻战术

强攻战术指的是一种有预谋地、强硬地突破防守并进攻，旨在先发制人。在比赛开始后，采取强攻战术，能出其不意、攻其不备，以自己猛烈的进攻态势，使对手失去动作节奏，迫使对手消耗更多的体力，从而较快地占据优势，夺得赛场主动权。

强攻战术的优势在于，能够快速、直接地夺取赛场主动权，在短时间内占据绝对优势。当自己和对手在战术上水平相近，但是自己有体力优势时，强攻可以让对手在被动中疲于应对，没有调整机会；当对手缺乏比赛经验时，采取强攻战术能够完全限制对手的行为，遏制对方技术和战术的发挥。

强攻战术的不利之处在于，通过快速攻击对手，消耗对手体力的同时，自身体力也会被迅速消耗，若自身体力不如对手，消耗体力过多后，很容易被对手抓住漏洞，给对手扭转局势的机会，或者被对手运用"以逸待劳"的战术制约。

要采用强攻战术，需要满足以下条件：

一是力量、速度、耐力素质比较好，但技术不如对手时。

二是身体素质好，技术比较全面，但比赛经验不如对手时。

三是对方的近战能力比较差时。

四是对方的耐力比较差时。

五是对方的心理素质比较差时。

3. 控制对手长处发挥战术

控制对手长处发挥战术指的是通过采取适当的方法，使对方没有机会使用自己擅长的技术或者战术，以达到控制对手的目的。通常情况下，每名运动员的技术能力构成都不同，都有自己掌握较好的技术，所以要及时发现对手所擅长的技能，并结合此技术的动作和使用条件，使用一定的方法，让对手无法运用其擅长的技能，只能使用其他技术。这种战术方法可以帮助跆拳道运动员克制不同类型的对手，具体方法如下：

一是克制善于打贴身战的对手。方法是可始终与其保持实战距离，在自己击打的角度、距离、时机允许的情况下进攻或反击对方得分。

二是克制善于打远距离的对手。方法是可破坏对方的实战距离，利用步法的移动迅速接近对方，在使用技术动作时，可在近距离形成互攻，为二次进攻打下基础。

三是克制善于主动进攻的对手。方法是要让对手和自己始终保持实战距离，控制对方的动作，抓准时机自己主动进攻，迫使对方防守反击。

四是克制善于防守反击的对手。方法是误导对方主动进攻，自己进攻时可采用假动作和不易被反击的技术，打乱对方的反击节奏。

五是克制能攻能守的对手。方法是做到有序进攻，稳妥防守，抓住战机，合理运用技术动作得分。

4. 直攻战术

直攻战术是指运动员不采用假动作来掩护自己，直接使用技术动作来攻击对方的战术。其使用要点在于借助步法创造有利时机，及时抓住机会使用技术动作进行攻击。这种战术要求行动迅速，能够灵活控制距离并及时抓住有利时机。

5. 引诱式战术

引诱式战术是为了达成真正的攻击目的，采取一定手段，使对方作出错误判断和动作。比赛中常常会遇到强敌，针对擅长防守、反应迅速的对手，不能直接进攻，否则将会被对手击退或反击。因此，通过使用左右、前后、上下的虚假身体动作，能有效地分散对手的注意力并诱使其做出错误动作并露出破绽，或者故意展现让对手感到破绽的身体动作，使对手在错误时机进攻，从而有效地使用进攻或反击战术。在使用引诱战术时，假动作要逼真，能骗过对手；真动作要快，迅速打击对手。例如，使用后腿横踢攻击对方的头部，可先用前横踢假进攻后迅速后撤，等对手运用动作时，则使用后横踢动作直接迎击对手的头部。

6. 迂回战术

迂回战术是通过步法移动，从侧面发起攻击的一种战术。当对手采取直接技术动作进行正面进攻时，结合赛场形势，采用步法向前、向后、向左或向右移动。

这种战术既能规避对方的攻势，又能化被动为主动，并且通过巧妙的步法，在防守的同时反击。因此，在采取迂回战术时，应当谨慎选择移动的角度、距离和进攻时机。在迂回时不能忽视格挡反击和突然改变身体的位移。

7. 边角战术

边角战术是指比赛过程中一方运动员临近边界线时，另一方运用技术逼打对方出界的行为。边角战术在两种情况下实施：一是利用规则将对方逼打出边界线；二是利用对方怕失分的心理，堵住正面，守住两边，围而不打但步步紧逼，造成对手恐慌心理，技战术节奏失控，失误增多，这时应抓住时机，果断、迅速地力争多得分。

8. KO 战术

KO 战术是指比赛中在规则允许的范围内，运动员被合法的技术击倒。运用此战术能给对手在身体上和心理上产生巨大的压力，使之失去继续比赛的能力和意识。实施 KO 战术时，要求运动员有较好的专项能力，而且击打时迅速、准确、有力。在跆拳道比赛中，KO 战术主要打击对方头部，因为攻击头部的路线长且有一定高度，因此要减少动作的运行时间。寻找到攻击头部的机会后要快速、果断进行击打，不给对方防范的机会。

头部目标小，灵活且移动迅速，在比赛中不易捕捉，攻击头部的概率较小，一旦在比赛中出现这种瞬息即逝的机会，运动员就要毫不犹豫地击打，并且要准确到位，一击成功。当然，击打身体躯干也同样可以 KO 对方，只不过需要更大的动作力量。所以，要实施 KO 战术，必须在平时的训练中加强动作的速度、力量、准确性、时机、距离、意识的培养。

9. 心理战术

心理战术指的是采取特定的策略和行动，给对手施加心理压力，影响对手心理状态，使对手技术表现出现错误。心理战术具有多样性和变化性。例如，在赛前训练中鼓励出错以混淆对手的视线，刻意露出漏洞误导对手的判断，故意引起对手的愤怒或削弱对手的斗志等。这些行为是为了刻意影响对手心理，扰乱对手的思维，进而使其技术表现出错。心理战术也蕴含于其他战术之中，如用强攻战术、边角战术以及引诱战术等都带有干扰对手心理的因素，目的是激发对手的紧张、急躁、恐惧和气馁等负面情绪。

（二）战术运用

战术运用只是表象，取胜的关键在于透过现象看本质。为了赢得比赛，运动员必须了解自己的优势和劣势，同时也要深入了解对手的情况。只有在这样的基础上，才能灵活、有效地应用战术，从而在比赛中获得胜利。战术运用其实就是制造假象，使用假动作迷惑对手。其中，可以运用声音制造假象，真发声假进攻，或者假发声真进攻；可以利用步法，制造假象，通过步法的真实与虚假，使对手难以分辨，从而判断失误，出现漏洞以为我方创造进攻机会；可以利用眼神制造假象，用眼睛注视的方向欺骗对手，看下打上，看上打下；可以利用手势制造假象，通过频繁晃动手臂来吸引对手的注意力，在对手没有防备的时候进行攻击等。这些技巧需要运动员在比赛中不断实践，不断地摸索和研究。

在比赛过程中，很多不同的战术及其灵活组合可以提高胜率。这些战术包括技术战术、抢分战术、体格战术、击倒战术、佯攻战术、防守反击战术、步法战术、空间战术、乱打战术、体力战术、突袭战术、破坏战术等，应当结合比赛类型和运动员个人情况来制定相应的战术。由此可见，竞技跆拳道是一项运用智慧的、灵活的格斗项目，战术的运用至关重要，能影响比赛胜负。只有熟练掌握各种基本战术思想，才能在比赛中灵活运用，并最终获得胜利。

在跆拳道比赛中，运动员可以运用很多战术，前提是自己要具有一定的身体素质基础、心理素质和智能。相反，战术的培养和实践，也能极大地促进运动员在身体、心理和智能方面的提升。为了成功地在比赛中运用战术，运动员必须在日常训练中反复练习并深入理解，只有抓住合适的时机，才能够通过战术赢得胜利。

跆拳道比赛的技术和战术不断更新换代，涌现出富有成效的新战术。通过创新战术，能够提升运动员的战术能力。在创新战术时，要合理利用技术规律和比赛规则。基于规则限制，熟练掌握并抓住稍纵即逝的时机应用战术。学习多种战术能够增强运动员在赛场上的灵活性、应变性，夺得运用战术的自主权，保持一定的策略优势。不断学习和掌握前沿战术，持续不断地追求创新，是运动员将战术发挥到极致，最终取胜的重要因素。

三、战术的原则

跆拳道战术原则是制订战术计划，实施战术方案必须遵循的准则。可将战术的原则分为以下几个方面：

（一）按对手实际情况设计战术

实际情况是在战术运用中根据对手技术状况、攻防类型、身体素质、心理素质等相互的关系，制定的攻防策略。若想取胜于对手，先要熟悉对手，观看对手的比赛，了解其战术风格。然后，针对对手的特定状况，选择和设计合适的战术运用方案。

1. 按攻防类型设计战术

在跆拳道比赛中，主要有三种攻防类型：以主动进攻为主的进攻型、以防守反击为主的反击型、攻守兼备的综合型。在制定战术前，要了解对手属于哪种类型。

2. 按技术状况设计战术

运动员有不同的技术状况，需要根据对手攻防实力和得分手段等设计战术。实施战术前要了解对手技术运用的优点和弱点，如对手的综合实力如何、主要得分手段是什么。同时要善于发现对手的弱点，如对手害怕应对什么技术，是防单个技术差，还是防组合技术差等。

3. 按身体素质设计战术

不同运动员的身体素质各有所长，有些人动作迅速、有些人反应敏捷、有些人拥有较为出色的体力、有些人更具爆发力，还有些人则具备较好的身体协调性。针对不同运动员的身体素质，需要制定个性化的战术方案。

4. 按心理素质设计战术

心理素质是一个内涵广泛的概念，在这里特指运动员的意志品质和在激烈竞争中所呈现的心理承受能力和控制能力。

（二）按攻防兼备突出特长原则制定战术

在跆拳道比赛中，运用战术的关键在于发挥优势避免缺点，同时根据形势灵活应变，实现顺势而为，使对手无法预测自己的反应。部分运动员只关注进攻，而忽略了防守；部分运动员只注重防守或反击，而忽略了进攻，使进攻、防守和反击无法平衡，难以全面发挥自己的实力。因此，在制定和实施跆拳道战术时，应遵循综合进攻、防守和反击的原则，并坚持攻守兼备、防反并举的思想。也就是说，在攻击中兼顾防守，防守中具备反击能力，反击中蕴含攻击精髓。

（三）按控制与反控制原则制定战术

在跆拳道比赛结束后，常听到有些选手说"比赛大意了，下次一定能赢他"。造成这种情况的原因，主要是控制问题。竞技跆拳道运动员在赛场上要求扬长避短，针对对手弱点、心理素质、意志品质等作出行之有效的技战术。比如，对手喜欢进攻，就要控制好距离，稳扎稳打，让对手露出破绽。反击时利用把握性强的方式，让对手失去信心和扰乱比赛节奏，迫使其心烦意乱，丧失耐心，从而争取场上的主动权。

（四）按灵活多变原则制定战术

运动员要严格按照比赛要求训练自己的特长战术，并模拟真实的比赛。战术的时机及其判断，要通过模拟训练来检验和甄别。只有通过实践检验战术，才能充分体现其实效性，最终把各种不同的战术应用到不同的实际比赛环境中，并与不同类型、风格特点的对手反复练习、对比、求证。只有经过反复检验形成的战术，才能在应对不同对手时做出灵活、适当的应变。

第三章　竞技跆拳道教学

本章共分为五节，分别阐述了竞技跆拳道教学的要求、特点与原则，竞技跆拳道教学阶段与步骤，竞技跆拳道教学方法与组织形式，竞技跆拳道教学文件以及竞技跆拳道教学的学习成绩考核。

第一节 竞技跆拳道教学要求、特点、原则

一、跆拳道教学的要求

（一）严密组织、保证安全

跆拳道是人体对抗性运动项目，学习运用技法对人体进行攻击，在喂招练习和对抗练习的过程中，稍有不慎就会造成人员受伤。因此，教师不但要经常对学生进行安全方面的教育，而且要严密地组织教学，要求学生严守课堂纪律。学生受伤主要在四肢相撞时产生，初级阶段的教学，一般以单个动作的基本技术练习为主，在学生建立了进攻动作的防守方法和自我保护的反应能力之后，再逐步进入对抗练习。在进行对抗练习时，先规定双方的练习内容，一方使用固定的方法进攻，另一方采用固定的方法防守或反击。

（二）仪表端庄、口令洪亮

教师的职责是传授知识和做人的道理。因此，教师必须德才兼备。教师在进行跆拳道教学时，应注意服装外表整洁、言谈举止儒雅，给学生一种潜移默化的修身、正身的感染力。口令洪亮可以振奋学生的精神，集中学生的注意力，提高学生的练习热情和积极性，提高每一次完成动作的质量和强度，对学生的神经系统、肌肉系统、呼吸系统等人体运动机能有较好的促进作用。

（三）精讲多练、循序渐进

学生在学习动作的初级阶段，动作会存在一些问题，每一次练习的间歇教师必须及时进行纠正。每一次纠正要抓住存在的主要问题或共性问题，找准问题的关键环节，语言表达要精炼。学生掌握动作主要靠神经系统的知觉和感觉来支配肌肉进行运动，神经系统的知觉和感觉不可能一次便把所有的问题都改正过来。没有重点就很难刻画出记忆的痕迹，每一次练习突出改正一个重点问题，将问题逐个解决，循序渐进才会收到更好的效果。

二、跆拳道教学的特点

（一）道义为本、贯穿始终

道义是指从事跆拳道活动的人在学习跆拳道和社会交往中应该具备的道德品质和行为准则。由于跆拳道是一项具有攻击他人作用的体育运动项目，所学技术运用不当会对他人造成伤害，会对社会和谐产生负面影响，因此"尚武崇德"，注重学生道德的培养是跆拳道教学的特点之一。教师要为学生做表率，不但要严于律己，而且要能够结合技术教学循循善诱，对学生进行道义方面的教育要贯穿教学的全过程。通过跆拳道教学培养学生重礼节、讲诚信、扬道义、厚善举、恭俭让等高尚的道德品质。

（二）动作规范、注重实用

跆拳道技法丰富，使用时变化多端，但是无论多么复杂，都是由不同的基本动作所组成。跆拳道技法的所有动作都是以有利于攻击对方为目的。基本动作能否攻击到对方，对对方能否产生最大的威胁，涉及动作规范合理性和有效性两个方面的问题。因此，在教学时，既要注重动作技术规范的合理性，按照人体运动的原理和格斗原理，严格动作的技术结构、技术环节、技术细节等，又要注重动作技术规范的有效性，必须严格运行路线、发力技巧、攻击部位，紧紧围绕实战的变化规律进行教学。技法实战的运用效果是检验动作规范的唯一依据和动作达到的最终目的。

（三）以点带面、触类旁通

跆拳道的技法动作很多，每一个动作都有不同的表现形式，不同的姿势状态有不同的功能。在教学过程中，如果按照技法种类的顺序一个一个动作平铺直叙地学习，就很难使学生建立起正确的动作动力定型。抓住技法动作的规律，突出重点、以点带面、触类旁通地教学，可以产生事半功倍的效果。因为每一个动作都有规律可循，不同的动作除了动作姿势状态的运行路线不一样以外，技术原理、发力技巧等有相同之处。因此，在不同的技法中，找出常用的重点动作反复练习，在熟练掌握之后再逐步扩展其他的内容，学生不但容易掌握而且动作规格质量高。例如，前踢腿和后踢腿都需要送髋，这个动作需要进行反复练习。教学要实现"点面结合、触类旁通",重点在教学的最初阶段,需要紧紧抓住重点和共性,通过举一反三的方式对知识进行拓展。

(四)两人配合、贵在默契

竞技跆拳道的教学和品势套路的教学不同,品势套路教学是个人进行基本动作的演练,主要是掌握和体会动作的基本规范和演练技巧,而竞技跆拳道不但需要掌握不同技法的动作规范,还需要掌握攻击对方的使用技巧。在掌握基本动作之后,必须通过大量的、对抗形式的两人配合练习,才能从中体会到使用技法攻击对方的技巧。两人配合练习有多种形式,包括进攻、防守配合练习,进攻、反击配合练习,实战练习等。"两人配合、贵在默契"的教学特点,要求配合的学生在进行"喂招"时,一定要符合人体对抗的客观条件和主动为对方服务的良好品质。若想达到最佳的练习效果,需要根据对方的最佳适应性来调整"喂招"动作的速度、力度和变化难度,不能过度或不足,以免影响练习效果。

(五)以腿为主、手足并用

在世界跆拳道联盟的会标上,两名跆拳道选手的脚都踢向了天空,形象地反映出跆拳道的特点。

在跆拳道中,腿法是重要的、主导性的技术,因为人体四肢躯干中,腿部的长度和力量最佳,其次是手。腿法形式多样,可高可低、可近可远、可左可右、可直可曲、可转可旋,具有极大的威力,有助于争取比赛得分,在实际应用中也可以有效地制敌。手臂更具灵活性,能灵活地做出各种防守和进攻动作,同时还能灵活地在拳、掌、肘等多种攻击方式之间变化,在实战中发挥重要作用。脱离竞赛规则的束缚,跆拳道技术理念在于将人体的主要关节作为进攻的工具或者防御的屏障,这也是其技术本质。在跆拳道实战中,手肘、膝盖和脚等关节部位广泛用于攻击,是最常见和最有效的进攻武器。

(六)以快制快、招式简单

运动员在比赛中通常采用速度快、动作简单、注重直接接触的技巧,技术动作直接、刚健而简洁。在进攻时,通常使用连续、直线进攻方式,使用腿法连续、快速地打击对手。在防守时,主要采取直接的格挡动作,注重以快制快。

（七）以击破为检测功力的手段

在很多跆拳道宣传活动中，通常会展示用手和脚来打破木板、砖块等物体，展现跆拳道选手的动力，这也是一种测试运动员力量和技巧水平的方法。这已成为跆拳道训练和晋级升段、表演比赛的主要组成部分。

（八）强调气势、发声扬威

不管是品势还是竞赛，展现气势都是必要的。一般会通过发出洪亮、威慑力十足的声音来张扬自己的力量。特别是在竞赛中，双方都会利用规则允许的喊声来激发自己的斗志，从而在气势上压制对手。在进攻时，有时也会通过发声配合技术动作和效果，以使裁判承认此次攻击，力争在心理上击败对手。因此，跆拳道练习者要进行专业的发声训练，以增强自身的气势。

（九）技术体系完善，符合奥林匹克精神

在跆拳道的发展过程中，不但保留了传统跆拳道技击术，而且还将其他国家的技击术与跆拳道融为一体，不断充实和完善跆拳道的技术体系。在跆拳道的推广中，技术上以踢法为主，严格控制拳法的击头动作，坚决禁止摔法的运用，主张以踢法为项目未来的发展方向。

在高水平跆拳道比赛中所展现出来的攻防的转化、高超的技艺、拼搏的精神、斗智斗勇的意识，以及在赛事组织和包装等方面体现出来的武道文化元素，不仅给人们带来强烈的视觉冲击，还给人们带来情感的震撼和美的享受。安全是跆拳道竞技比赛的指导思想，在实际的训练和比赛中，要严格惩罚运动员违规动作的运用。在这种竞赛规则的指导下，运动员既能充分发挥技术水平，又能减少伤害事故。也正因为如此，跆拳道进入奥运会大家庭后，很快被世人认可，成为世界上较受欢迎的搏击类体育运动项目。

三、跆拳道教学的原则

要想实现有效教学，必须遵循一定的教学原则，这些原则应该融入教学的全过程和各方面。这些原则不仅为教师的教学提供指导，也为学生的学习提供引导。跆拳道属于对抗性运动项目，在教学实践中，只有遵循跆拳道教学的基本规律，了解和掌握跆拳道教学的基本原则，才能达到教学的目的，提高教学的质量。

（一）跆拳道教学的基本原则

1. 礼始礼终、以德为本、德艺双修

跆拳道教学一方面要教会学生技术动作，另一方面是将道德精神传授给学生。跆拳道非常重视礼仪，在上课和下课时，师生要相互敬礼，向国旗敬礼；学生在对战前后都要相互敬礼。这是表达尊敬和礼节的体现，有助于激发学生的爱国情感，并且培养学生的团队意识、合作精神和相互尊重的精神。"未曾学艺先学礼，未曾习武先习德。"[①]跆拳道教学应当将武德教育融入教学的全过程，将其与社会行为规范有机结合，引导学生明确学习的目标，培养学生尊敬师长、坚守诚信、勇于担当、维护正义的道德品格。

2. 动作规范、突出教学目标

跆拳道教学要求教师和学生都保持严谨、实事求是的精神。在学习中，学生应努力追求动作规范，严格遵循运行路线、技术要求和发力要求做动作，以确保动作规范、路线清晰和发力准确。教师应在教学中反复指导学生改正错误动作，帮助其熟练掌握技术，而学生则应严格要求自己，注重细节，直至熟练掌握。错误的动作习惯不仅难以纠正，而且影响学习质量和进展。此外，跆拳道教学讲究以点带面、触类旁通，特别是对于初学者，教师要围绕着技术动作的重难点，进行有意识的引导，逐渐扩展学生的思维领域。同时，学生需要勤奋精益，不要贪图速成。在跆拳道竞技训练过程中，始终牢记"训练就是为了比赛"的原则，并注意将比赛的重点技术纳入训练计划中，以确保训练目标紧密贴合比赛需求，避免偏离方向。

3. 突出重点技术、强调团结合作精神

突出重点技术，就需要掌握比赛的最新趋势，归纳出实用性较强、得分率较高的技术，合理制订计划，有针对性地进行教学和训练。跆拳道是一项双人对抗的运动项目，其训练也应加强双方的配合练习，以达到更好的训练效果。在教学过程中，这种双人配合训练是必不可少的手段，跆拳道需要两个人配合练习才能取得更好的成果。双人配合训练有多种形式，比如攻防技术练习、钉靶练习、喂招练习、条件实战等。为了有效提高双人配合训练成效，提升运动员的竞技水平，练习者与陪练者之间应当形成紧密的合作关系，一同完成教学和训练任务。

---

① 彭卫国. 中华武术谚语 [M]. 北京：电子工业出版社，1988.

4. 循序渐进、因材施教

跆拳道教学是有计划、有目的的系统性工程，教学中必须遵循运动技能形成的客观规律，由浅入深、循序渐进。在教学过程中，应该先从手型、步型、步法、腿法的基础技术入手，掌握基础技术之后，再逐渐学习复杂技术以及战术，尤其要重视基础动作训练，然后再进行思维上的学习，按照"简单到复杂""单一到多样"的规律安排教学内容，注重教学的直观性、系统性和科学性，不能盲目地追求高难度技术和复杂战术。跆拳道的教学步骤可概括为五点，分别是学会动作，强化体会技术及用力技巧，配合运用，条件实战，实战。

另外，教师应根据学生的实际情况采用相应的教学方法，活跃学生的思维，针对他们的特点因材施教，发展个人技术专长。

5. 理论与实践相结合

理论联系实际是人类进行认识和学习应遵循的重要原则，也是在教学中应遵循的一般规律，跆拳道的教学也同样要遵循理论与实践相结合的原则。教师在讲解示范时要生动地联系实战或比赛情境，进行有针对性的启发和诱导，培养学生的实战意识。

（二）跆拳道教学的注意事项

跆拳道是直接身体接触的对抗项目，教师在教学中要特别注意尽量避免运动损伤的发生。上课前，教师应充分做好准备活动，认真检查护具器材，严肃课堂纪律。练习时，教师应明确练习方法、目的、要求及安全事项。在实战和条件实战时教师应充分考虑学生的差异，将技术水平相当的学生分到一组进行练习，避免"以强凌弱"的现象发生。

第二节　竞技跆拳道教学阶段与步骤

一、跆拳道教学的阶段

跆拳道教学的目的是让学生在教师的引导下，掌握跆拳道技术，提升身心健康水平、增强身体活动能力和环境适应能力，养成优良的道德品质，并实现个性发展。学习和掌握跆拳道教学三个阶段的动作技能形成的基本规律，有利于教师更好地采取相应的教学手段和策略。

（一）跆拳道教学三个阶段

1. 初步学习阶段

在初步学习阶段中，学生的大脑皮质兴奋过程广泛扩散，所形成的动作表象比较模糊，主要依赖视觉感知并做出动作，而肌肉的身体感觉只是处于边缘位置。此外，内部因素很容易对动作的控制和调节产生干扰。学习中较易出现紧张、不协调和错误动作，因此，教师在这个教学阶段，以要求学生了解动作的基本方法为主，并在相对固定、动作速度较慢的情况下进行练习。教师在教学中应以慢速示范和领做为主，主要环节或高难度动作使用分解方法教学。学生要明确动作的姿势、顺序、连接和转换的技术要素，从模仿开始，先掌握动作的基本路线和各个环节的动作过程，不断改进、提高，逐渐掌握动作的主要环节。

2. 改进提高阶段

改进提高阶段也称为分化阶段。在这一阶段，学生大脑皮质的兴奋与抑制过程开始分化，兴奋相对集中，内抑制逐步发展巩固。对技术动作的掌握更加细致、准确、流畅。此阶段，在跆拳道的教学实践中的主要任务是改进技术动作，纠正出现的错误，使技术动作趋于完善。改进提高阶段，需要大量地重复练习，为今后的学习和实战打好坚实的基础。学生应先学习简单的单项技术，再逐步提升难度，逐渐过渡到组合式的攻守技术。在学习过程中，需要深入理解动作的机理和本质，理解攻防的内涵，并从理论层面上掌握技术组合的规律。此外，还需要结合个人的弱点开展针对性练习。

3. 动力定型阶段

动力定型阶段也称为熟练阶段。在之前的学习中，学生不断巩固所建立的条件反射，已经形成了比较好的动力定型，这一阶段大脑皮质的兴奋和抑制在时间和空间上变得更为精确和集中，内抑制更为牢固，学生的战术和技术能力大幅增强，更具抗干扰的能力。此时，学生可以轻松地做出标准的技术动作，并且形成独特的技术特色。此阶段，练习多采用完整练习、变换练习、实际应用等方法。为了进一步提高动作技术质量，应逐渐增大练习负荷，增加技术动作难度，使练习者能够在大负荷下激烈的对抗环境中，同样高质量、熟练地完成技术动作。并且，应学会总结并发现，基于个人的技术特点形成自己的技术风格，以此打造出自己的"独门绝技"。只有这样，才能成为一名出色的跆拳道运动员。

（二）教学阶段的要求

（1）第一阶段：打好基础

跆拳道的教学与训练是一个设计多个方面的、复杂的、系统的过程，其中最为关键的环节是注重专项素质和基本功的训练。因此，在这一阶段，训练重心应该放在培养专项素质和基本技能上。力量、速度、灵敏、协调和柔韧等素质是跆拳道的专项素质，而基本功则包括基本的站立姿势、步法、进攻技术和防御技术等。在训练中要先训练一般身体素质，如力量、跑、跳，待运动员身体素质扎实之后，再开展基本功和基本技术训练，培养运动员的专项素质，直到基本动作正确和专项素质良好，才能够继续往前迈进。

（2）第二阶段：熟练掌握攻防技术

在第一阶段训练成果的基础上，要巩固技术动作，并逐渐过渡到攻防技术教学，对跆拳道实战的攻守技术和战术进行全方位的系统学习，以便更加深入地掌握跆拳道的实战应用。从单一的技术练习逐渐转变为综合的攻防技术练习，培养个人技术特点。在学习时，应该掌握动作的原理，深入了解其本质，领悟其代表的攻防含义，并在理论层面上掌握招式组合的规律。此外，针对个人短板进行专门训练。例如，力量不足就需要进行一段时间的力量训练；技术动作不规范就要反复练习正确的技术动作，直到技术动作准确无误。

（3）第三阶段：通过实战积累经验、检验成果，形成个人技术专长

跆拳道是一项对抗性运动，通过智能，以技术来击败对手获胜。训练效果和运动员的技术水平只有在实战中才能得到真正的检验。专业跆拳道训练都以实战为准则来设计和安排训练内容，往往会安排两个技术水平接近的运动员相互切磋或按照比赛形式对战。通过对战，运动员可以克服怯战心理，增加实战经验。在实践中结合个人的体会和教练的指导，寻找问题所在并纠正错误动作，改良关键技术。在实战对抗中积累经验，总结教训，不断反思和改进，完善自身技术能力，提升技能水平。此外，更重要的是发现自身的特点，进而培养自己独特的技术风格，练成"绝技"，这是成为杰出的跆拳道运动员所必需的。

二、跆拳道教学的步骤

根据跆拳道动作技术形成的基本规律，教师在训练中应科学、合理、系统地安排教学步骤，使学生掌握技术动作。

（一）跆拳道竞技技术教学的步骤

在对抗性的竞技技术的教学中，一般按照以下步骤来进行：

1. 掌握技术动作

通过教师的示范和讲解，使学生初步掌握所学动作的运行路线、发力方法和动作节奏等。通过分解练习、慢速练习、完整练习，使学生熟练掌握所学的动作并逐步达到自动化程度。进行此步骤时，教师应重点关注学生完成动作路线的正确性和准确性，控制并掌握好学生动作练习的速度，不应急于求成，也不应让学生过多地分解、慢速练习，以免导致错误的动力定型。

2. 设定条件的练习

在学生熟练掌握技术动作的基础上，设定一些条件让学生应用动作。一般情况下为：打固定靶—打移动靶—打护具—攻防练习。让学生通过练习，提高动作的准确性和打击目标的意识，体会发力的方法和打击目标时的身体感觉。通过练习让学生熟练掌握在不同情况下技术的使用技巧。

3. 实战运用

先模拟实战比赛设置各种情况下使用动作的场景，让学生熟练掌握技术动作的要点，再让学生根据自身特点融入相应的技战术，最后过渡到自由实战练习，不断提高学生对所学技术在实战中的应用能力。

（二）跆拳道品势技术教学的步骤

品势是跆拳道动作串编起来的固定套路练习，品势教学一般按以下步骤进行：

1. 学习跆拳道品势中的基本功和典型动作

品势就是将格挡技术、各种步型、冲拳、踢腿等基本动作按照一定的顺序和路线进行组合的固定套路练习。只有熟练、准确地掌握这些基本动作，才能为组合动作以及成套练习打下坚实的基础。

2. 学习品势中出现的组合动作

每个品势由许多动作串联起来，在教学中先将重难点组合动作抽出来进行单独教学，对其各个击破是品势教学中常用的方法。

3.成套完整教学

将品势动作成套进行教学，使学生掌握技术动作之间衔接、移动的路线和方向、动作的演练节奏等，先让学生记住动作，再结合技击攻防含义进行讲解，让学生逐渐提高演练品势的技巧。

第三节　竞技跆拳道教学方法与组织形式

一、竞技跆拳道的教学方法

（一）语言讲解教学法

以准确的语言进行讲解，引导学生明确学习目标，形成正确的学习观念和态度，激发其积极性，活跃其思维，使学生形成对教学内容的深层次理解，熟练掌握基本技术，提升身体素质和健康水平，提升分析和解决问题的能力，为教学任务的完成提供重要的帮助。

教学的基本手段是讲解，好的讲解应该具有生动形象、简明扼要、通俗易懂、富有启发性等特点，讲解应当有层次、符合实际。通常，讲解的内容主要包括以下七点：

一是讲解动作名称。这是教学的第一步，只有带领学生认识和了解动作名称之后才能进行下一步教学。在讲解时，教师可以将其与其他运动项目中动作接近但名称不同的动作做对比，引导学生形成深入理解并熟记，同时也拓展了学生的知识，激发其运动兴趣。

二是讲解动作方法。边演示边解释，带领学生了解动作的起点、路线、发力点、着力点等要素。

三是讲解动作作用，带领学生了解动作的攻防作用，提升其学习兴趣，营造积极、轻松的课堂气氛。

四是讲解动作要领和要点。教师在教学过程中，应当注重细致、深入地讲解高难度动作的内在规律和特点，使学生对动作形成更准确和更深入的理解，从意识上为做好动作打下基础。这需要教师总结和提炼经验，在训练中深入理解和体会技术动作的内在规律。

五是讲解动作节奏。在初学阶段，学生会非常留意单个动作的效果，使动作间缺乏连贯性和协调性。因此，在跆拳道教学中，教师要引导学生关注动作的轻重和速度，只有掌握好动作的节奏和层次，才能完美精准地应用技术。

六是讲解动作常见错误。在练习前，应为学生讲解常见的错误动作，以便提高学生辨别正确与错误动作的能力。

七是讲解动作练习方法。技术动作不是学一次就能掌握的，要讲解一些基本的练习技巧，以便学生逐渐掌握动作进而定型动作。例如，集体原地空击、分组配对击靶等。

除了以上七点，教师还要采取合适的讲解方式和技巧，比如使用边演示边讲解的方法，以便让学生更好地理解，同时也不能讲解得过于烦琐或过于抽象。教师应该合理运用语言技巧，吸引学生的注意力，以确保讲解达到理想的效果。

（二）口令教学法

口令教学法指的是利用简洁、有力、响亮的口令来指导学生学习和练习的方法。主要包括以下三种方法：

一是教学口号。在组织练习时，通常使用数字式口令指挥，类似于广播体操的"一二三四，二二三四"，以便让学生集体练习。值得一提的是，这种口令可以根据不同需求变化速度、选择中断或继续，以适应学生的实际练习情况。

二是术语口令。利用动作术语或者战术术语，要求学生根据口令快速做动作，有助于提升其反应速度和能力，强化其语言信号的条件反射，从而巩固其技战术能力。

三是提示性口令。在比赛或者实战训练中，教师需要通过语言来提示学生合理运用技巧、战术、策略以及注意场上其他情况，使其适应场上的变化并作出应对。这种方法可以使学生形成问题分析和解决能力，同时提高实战调控能力。

（三）直观法

1. 示范教学

教师（或被特定委派的学生）示范正确的动作，帮助学生掌握动作的形象、结构、要点和技巧的教学方法叫作示范教学。示范正确的动作有助于学生在直观认识中了解正确的动作，激发其学习兴趣和积极性。因此，示范教学是跆拳道教学中常见的、重要的教学方法。示范的内容包括以下几点：

一是正确动作的示范。为了确保学生正确理解动作概念，必须在其练习动作学习前进行讲解，并演示正确的动作，包括手型、步型、身姿规格、手法、腿法运行路线以及攻防用法等方面。

二是完整与分解示范。完整示范适用于简单动作，分解示范适用于高难度动作或者组合动作，要使学生能够观察并理解每个动作过程及细节。

三是慢动作示范。部分动作速度快，学生来不及仔细观察，动作就结束了，此时可以进行慢动作示范，也可以将其关键细节放慢，让学生可以更好地观察和学习。

四是易犯错误动作的示范。引导学生对比正确动作和错误动作，形成正确动作概念，并在练习中避免错误。

五是合适的示范位置。在选择示范位置时，要确保所有学生都能清晰地观察到动作示范。横队中，一般最佳的示范位置在其等边三角形的顶点处。如果学生排成四行，可以让前两行的学生坐下或蹲下，以免挡住后面的学生的视线，或者前两行和后两行面对面，并在中间留出足够的空间，教师在中间示范。也可以让学生站成弧形和圆形，教师在中间示范。归根结底，要确保所有学生都能观看到动作示范。此外，教师还应结合运动方向及时改变示范位置。

六是示范面的运用。示范面可以分成正面、背面、侧面和斜面。教师要结合动作，在合适的示范面进行动作示范，以便学生能够清楚地观察动作。即使是相同的动作，在演示时也可以采用多种角度来展示。例如，左直拳示范可以选择正面演示，以便学生能够清楚地看到动作路径和力点的位置；可以选择背面示范，以便学生清晰地理解动作发力的关键要点；可以选择侧面示范，向学生展示在发力时，重心所处的位置。

七是领做示范。对于新动作，教师不仅要进行示范讲解，还要进行领做示范。在进行领做示范时，教师需选择合适的位置，以便全部学生都能观察教师的领做示范，并学会正确的技术动作路线、方法和姿势；还要选择合适的速度，一般来说，领做的速度要从慢开始，并且动作幅度较大，方便学生仔细观察和跟上教师的动作。在学生动作逐渐熟练后，教师要逐渐提高动作速度和力度，以达到正常的动作标准。

八是示范与讲解应结合运用。示范与讲解之间存在互补关系，常常需要同时应用。可以选择先讲解再示范，也可以选择先示范后讲解，还可以选择同时讲解和示范。通常情况下，针对水平一般的学生，教师会以示范为主，而对于水平较高的学生，教师会更多地进行讲解。此外，还要考虑到动作的难度。

2. 电化教学

示范教学有时候难以将动作的结构、过程、要点充分地展现出来，为了让学生形成更准确的动作概念，可以采取其他直观方式。例如挂图、照片、电影和录像等。这些工具的运用，能够帮助学生深入理解教学内容、掌握动作的技巧和体验实战攻防的意识，从而提升教学效果。

（三）完整与分解教学法

跆拳道的攻防技术是由单个攻防动作和组合动作构成的。完整教学法可以使学生了解动作的全貌，对动作的完整形式有一个全面的认识，形成完整的概念，一气呵成地掌握动作的整体。对于单个的动作和结构简单的组合动作可采用完整教学法。

在下列情况下可以运用完整教学法：

一是学习结构简单和难度不大的动作时，可用完整教学法。

二是对有一定基础的学生进行教学时，可多采用完整教学法。

分解教学法在动作比较复杂、难度较大的情况下使用，便于学生了解动作的细节，更好地掌握动作的完整性。

在下列情况下可运用分解练习法：

一是结构复杂的攻防动作组合。如果用完整教学法讲解结构复杂的攻防动作组合，学生学习起来就会比较困难，这时需要把组合动作分解成几个单个动作逐个教学，然后再组合起来，这样学习起来比较容易。

二是难度较大的动作。教师把动作分解成上肢动作和下肢动作，或者左侧动作和右侧动作。先学上肢动作后学下肢动作，或先学左侧动作后学右侧动作，在局部动作掌握以后，再学完整动作，以逐渐掌握难度较大的动作。

分解教学法不宜将动作分解过细，应尽快向完整动作过渡。分解教法与完整教法应有机地结合起来运用，一般可采用"完整—分解—完整"的原则。

（四）练习法

在教学中，通过语言、直观所感知的动作概貌，必须经过学生亲身实践，进行反复练习，才能消除各种错误与缺点，掌握、提高、巩固所学知识、技术、技能，提高身体素质，增强体质，培养刻苦、顽强、坚毅和集体主义精神等优良品质。组织练习的形式一般有个人练习、分组或分排练习和集体练习。常通过重复练习法、变换练习法等组成的综合练习法来实施。

1. 个人练习

当学生人数多时，可采用个人原地重复练习；人少时，可采用个人练习，让学生独自体会刚学过的内容。在进行基本功和基本动作练习时，可采用个人轮流练习，如将学生分成二路，每路的排头开始向同一方向重复练习完定量的动作后，后面的人依次轮流练习，练完的人在间歇时应观摩别人的练习，互相学习，取长补短。

2. 分组或分排练习

一般在教完一课的内容后，教师提出要求，由组长带领本组同学到指定场地进行分组练习。分组练习形式多样，或者逐个轮流练习，其他人观摩、评论；或者两人一组，一人练习，一人"喂引"脚靶或观摩、评论；或者组长领做；或者组长指挥全组练习等。教师既要让学生独立思考，反复体会动作，又要发动学生互相观摩学习，分析纠正动作，取长补短。分排练习是指在教师的指挥下，单排练习，双排观摩，轮流重复练习，在练习后的间歇时间里，互相指点，纠正动作。这种练习形式既能节省时间，保证重复练习的数量和一定的运动负荷，又能发动学生互相观摩学习，提高学生分析动作的能力，培养团结互助的精神。

3. 集体练习

集体练习是在教师领做和口令手势指挥信号的指示下，学生按一定组数、时间统一进行练习。学生集体开始练习所学的内容时，教师应注意观察学生练习中存在的缺点或错误，除了再次讲解、示范外，可采用有针对性的辅助练习等，来改进和纠正学生的错误动作。

（五）纠正错误法

学生在学习和掌握动作过程中会出现各种错误，教师应善于及时发现和纠正学生的错误。一般易犯的错误及相应的纠正方法有下列几种：

一是学生由于接受能力和协调性较弱而出现错误时，教师要耐心地采用动作分解、慢速示范、多领做等方法帮助纠正。

二是学生由于肌肉本体感觉差，不能控制动作而出现错误时，教师可以强调动作规格和要求，用静力和动力、助力和阻力以及定向等直观法帮助纠正，还可以发动其他学生互相帮助与纠正。

三是学生由于身体的某些素质较弱而做不好动作时，教师应采取相应的措施，提高学生身体专项素质，从而使学生逐步完成动作。教师不要因急躁而挫伤学生的积极性。

四是学生由于怕危险而做不好动作时，教师可采用一定的保护和帮助的方法，先进行分解练习再逐步加大难度，让学生体会动作要领，逐步克服害怕心理。

五是学生由于不理解动作的性质和作用而出现错误时，教师可根据动作的攻防性质，用攻防相克的方法来启发引导，帮助纠正。

在纠正动作错误时，教师要善于抓住共性的错误，组织学生集体会诊，发挥大家的智慧，启发学生分析错误的原因，以点带面地解决普遍性的问题。还要善于发动学生互相识别错误和纠正错误。

二、竞技跆拳道的组织形式

组织跆拳道运动教学的基本形式是上课。上课是学生按固定的班级人数和制定的课程表进行作业的教学过程。

跆拳道课的类型是根据主要教学任务划分的，分为理论课和实践课。理论课是向学生传授跆拳道的知识、技能、原理和规律，使理论指导实践，以讲授为主。实践课又称为技术课，其任务一是向学生传授跆拳道知识，同时增强学生的体质；二是进行技术动作的练习，掌握跆拳道运动技术；三是掌握教学技能，为今后应用服务。实践课是以练习为主、讲练结合、精讲多练的课。因此，跆拳道课一般应遵循认识规律、人体机能活动变化的规律、动作和技能形成的规律。课的结构，又称为课的教学环节，指课的基本组成部分及各部分进行的顺序和时间分配，一般分为三段式或四段式。

（一）课程准备部分

目的：使学生从理论上、心理上尽快进入教学过程，为顺利地完成基本部分和全课的任务做准备。

主要任务：组织学生，明确课的基本任务，集中注意力，使神经系统、内脏器官活动积极，达到适宜的兴奋状态。

内容：教学的组织工作和准备活动。教学的组织工作有整队，班（队）长或值日生向教师报告出席人数，请教师上课，教师进行考勤检查，师生互相敬礼，简要地讲解本课的任务、内容要求，布置见习生的作业，做准备活动等。准备活动的内容有走步、跑、跳跃、徒手体操、活动性游戏等。

准备部分的组织方法，一般采用集体作业形式，教师要善于引导学生进入教学活动，在使身体逐步提高工作能力的同时，也要重视思想教育工作。准备部分的练习，一般选择容易做和不需要长时间讲解的内容，但应具有针对性、全面性。准备部分的时间一般是 15～20 分钟，根据整次课的时间及学生的身体状态、气候条件等，可以略有增减。

（二）课程基本部分

目的：使学生形成、巩固和改进跆拳道技术、技能，提高身体素质和培养道德意志品质。

主要任务：根据教学进度安排，使学生掌握和改进跆拳道技术、技能，同时进行道德品质的培养。

内容：根据教学进度安排的内容，结合学生的具体情况，选择相应的教学方法及手段，组织适宜的练习方法。为了掌握和改进技术，可以做基本动作练习；为了掌握和改进技能，可以通过脚靶、护具进行有条件的攻防练习；为了发展并提高学生的身体素质，可以做不同的专门性和准备性练习及辅助性或诱导性练习等；为了提高运用技术的能力，可以组织教学比赛，提高跆拳道实战能力。

基本部分要合理安排教材内容的学习顺序。一般来讲，先学习技术或技能（新教材），然后巩固和改进已学过的技术或技能（复习或提高教材），再进行教学比赛或提高身体素质的专门练习。基本部分的教材内容所选择的练习方法和手段，要根据课的任务、学生的具体情况及时间分配、场地、器材等条件有所不同。应考虑教材内容本身的联系和本次课教材内容之间的关系，要循序渐进，由简入繁，逐渐增加完成技术动作的数量、速度、难度、对抗条件等。教师要善于调整运动量，通过变换练习形式、增减练习的时间和次数、改变练习的间隙来提高或降低课的密度和强度。基本部分的时间最长，为 65～80 分钟，一般来讲占全课时间的 75%。

（三）课程结束部分

目的：有组织地结束课的教学工作。

主要任务：使学生逐渐恢复到相对安静的状态，进行课的小结。

内容：一般根据基本部分最后一个教材内容的性质、练习强度和进度，选择一些降低学生负荷的练习，如慢跑、按摩、放松自然的走步、放松性质的练习、较平静的活动性游戏、简单的注意力练习等。简明扼要的小结，指出完成技术总的情况和练习中最典型的错误及消除错误的方法。布置课外作业和准备下次课学习的主要内容。

结束部分一般采用集体形式，要力求准确地对本课完成任务情况作出恰当的评价，要善于激发鼓励学生进一步学习的愿望、热情和信心，要正确而有组织地结束每一次课的作业。结束部分的时间一般是 5～10 分钟。

四段式教学结构是把准备部分细分为开始部分和准备部分，课的基本部分和结束部分与三段式相同。

理论课：一般是在教室进行教学，在根据教学大纲所列出的课题科学地安排于整个跆拳道运动教学的过程中，进行有系统的讲授和课堂讨论。理论不但可以指导实践，而且可以使学生将实践中获得的感性认识上升到理论认识。理论课与实践课是相辅相成、互相促进的关系。讲授理论课，要认真做好讲授课时计划，编写好讲授提纲与讲稿，安排好每一个讲授步骤，有条不紊地进行教学。课堂讨论应在课前向学生布置讨论题目，要求学生有准备地进行讨论。必须明确，理论讲授和课堂讨论都是在教师直接组织和指导下的教学过程。

第四节　竞技跆拳道教学文件

教学文件是指教学过程的各种工作计划，是用来控制、指导和检查教育工作的重要依据。

跆拳道教学文件包括教学大纲、教学进度和教案（课时计划），这些教学文件是长期教学实践中总结出来的行之有效的计划形式。正确地制定多种教学文件是顺利进行教学工作的根本保证。

一、教学大纲

（一）依据

根据全国高校跆拳道理论课程教材的基本精神和跆拳道项目特点，结合学校自身的师资状况、教学设施及学生特点，按计划进行教学。

（二）目的与任务

教学大纲作为跆拳道教学的理论指导文件，应明确提出教学计划和本课程的教学任务、对象和要求，扼要阐明编制大纲内容的主要原则，指出组织教法上的基本要求、跆拳道教学的意义及所要达成的目标，并系统地列出全部教学内容的纲目或课题及提要、时数的分配、考核内容与方法以及完成教学任务的主要措施等。目的是明确本课程在教学过程中所依托的理论、实际操作方法、教师的职责和任务以及学生学习的要求。

（三）编制大纲的要求

一是理论来源于实践，教学大纲所提出的计划和培养目标都应以教学对象的实际水平和要求为立足点。

二是根据跆拳道运动的特点，抓住跆拳道运动的基本理论知识、主要技战术内容，要主次分明，注意科学性、系统性和实用性，也要注意教材以及跆拳道竞赛规则等内容更新。

三是合理分配教学进度，注意理论与实践课程的比例，使教师产生寓教于乐的思想，在完成客观教学目的的同时，更注重对学生兴趣的培养。

四是小点切入，细致入微。在明确教师教授理论和技术的过程中，向学生阐释课程教学的真正意义，使跆拳道课程真正产生长远性效果。

五是考核应把重要的、基本的内容作为重点，考核方法应能客观全面地反映学生掌握理论知识、技术和技能的真实水平，评分办法应科学合理。

二、教学进度

（一）依据

根据教学大纲规定的教学内容与任务和跆拳道运动技能形成的规律，全面安排教学大纲所规定的教材内容课次。

（二）目的与任务

根据教学大纲的任务及内容，在教学进度的安排上，将重点教材内容安排在合适的位置，并适当增加其出现的次数，以体现整个教学过程的系统性和科学性。在跆拳道技战术的实践教学中，要特别注意学生基本技术动作的规范化和战术基本方法的掌握。与此同时，向学生传授跆拳道基本理论知识，使学生正确理解技战术的概念、动作方法、规范要求及运用时机等。结合跆拳道运动特点，加强组织性、纪律性的教育，培养学生勇敢顽强、积极进取的意志品质和优良的体育道德作风，最终目的是培养学生成为德、智、体全面发展和社会主义建设所需的专门人才。

（三）安排教学进度的要求

一是跆拳道教学进度的安排，要由易到难、循序渐进、纵横交错、合理搭配。

二是理论与实际要密切结合。理论课与实践课要科学安排，密切结合，本着理论指导实践的精神，根据不同阶段的任务、要求，有针对性地安排理论课的教学，使理论联系实际，既要有利于指导实践，又要有助于在实践中获得感性认识并及时上升到理性认识，达到相互促进的作用。

三是注意分量。在安排教学进度时，必须从课的特点出发，要控制每次课的教材分量，不可过多，也不可太少；每次课要合理搭配不同性质的教材，既要有新学的内容，也要有复习的内容。

四是内外结合，提高能力。在跆拳道教学进度的安排中，还要课内外、校内外结合。

三、教案

教案是教师为顺利而有效地开展教学活动，根据教学大纲的要求，以课时或课题为单位，对教学内容、教学步骤、教学方法等进行具体安排和设计的一种实用性教学文书。

（一）依据

编写教案要依据教学大纲和教科书，从学生实际情况出发，精心设计。

1. 科学性

教案中的基本技术、基础理论、书面语表达要科学、严密、准确、精炼。

2. 目标性

在每节课的教案中，教学目标必须具体、明确。因为教案决定了课堂教学的方向。

3. 程序性

教案的设计，必须依据学生的认识水平、现有技术水平、认识过程和认知规律，有序地编排教学内容和采用恰当的教学方法，以供教与学双方操作。

4. 整体优化性

在教案的设计中，必须认真把握在严格规定的时间内，将教学过程中的各个因素科学组合、优化设计，以达到最佳的教学效果。

（二）目的与任务

教师在编写教案的过程中要深入理解和梳理教材内容，抓住教材的重点和难点，从而选择合适的教学方法。这样，教师才能够更加科学地安排课堂时间，更好地设计教学活动，提高教学质量，确保达到理想的教学效果。

（三）编写教案的要求

1. 科学性

科学性要求教师遵循课标要求，并根据跆拳道教材内在规律性，针对学生的实际情况，明确教学的目标、重点和难点。在教学设计中，应慎之又慎，不能出现知识性错误。禁止不遵循课程标准，不保持教材完整性和系统性，凭个人喜好独自创作教案。一个优秀的教案必须符合课标要求，贴合教材，具有科学性。

2. 创新性

虽然跆拳道教材是固定的，不能任意修改，但是教学方法具有灵活性，教师可以发挥自己的智慧和才能，对课堂教学进行合理设计和组织。尽管备课过程中需要查阅许多参考资料、利用教学资源、请教名师经验，但最终教案的编写与运用仍需教师独立完成。教师在备课过程中要将教学内容、环节和具体实施过程融会贯通，转化为书面教案，并在课堂上巧妙地运用。编写一个优秀教案的关键在于教师吸取各家教学经验后，仍能突出自己独特的教学风格。除了深入研究教材，还应当广泛阅读多种教学参考资料，并向经验丰富的教师请教。在参考他人经验的时候，需要仔细思考，领会其要点，然后结合个人的教学经验和实际情况，精心设计教案。这样才能写出具有独特个性、高质量的教案。

3. 差异性

因为每个教师的知识、经历、技能和个性各不相同，同时教学工作需要较强的创造力，所以教案不能千篇一律，需要教师发挥自己的聪明才智和创造力来进行编写。同时，还要结合学情、校情等，因材施教。

4. 艺术性

教案的艺术性在于巧妙构思，在使学生获得知识的同时，还能够欣赏教学艺术，并获得愉悦的体验。教案要像剧本一样，具有特色和吸引力。教案应当是层层递进、环环相扣、激发学生兴趣的，要能够实现立体教学。教师在课堂上使用的语言应精益求精，恰当安排每句话，必要的信息不能遗漏，不必要的则应节省。

5. 可操作性

在设计跆拳道教案时，教师需要考虑实际情况，确保教案可行且易于实施。重点部分要细致，其他部分可简化，简繁得当。

6.考虑变化性

教师面对的是具备独立思维能力的学生，学生在思维能力、对问题的理解以及技战术水平上存在差异，常常会提出大量意想不到的问题和看法，教师无法在教案中全都考虑进去。因此，跆拳道教学中，常常会出现教案意料之外的情况。此时，教师不应僵化地奉行教案，抑制学生的积极思考和提问热情，而应当结合课堂情况来调整跆拳道的教学计划和方法，以鼓励的态度启发学生的思维，引导他们深入思考问题和积极讨论。教师在编写教案时需要仔细考虑学生在学习过程中可能会遇到的问题，并确定教学中的重点、难点、疑点和关键，以达到更好的教学效果。应当预估学生对哪部分有问题以及有什么问题，并基于此设计多种教学方案。教学中出现脱离或者干扰教案的情况，也不需要过于担心，需要根据情况作出相应的引导，培养学生积极学习的态度。实际上，在教学过程中，单元或课程的教学计划是一步一步完成的，如果出现偏离教学计划的情况，也不必过度担心，可以在其他教学过程中进行调整。

第五节　竞技跆拳道教学的学习成绩考核

一、考核目的

学习成绩考核的目的在于合理而准确地评价学生掌握跆拳道理论、技术与技能的实际水平，促进学生勤学苦练，同时，也是检查教师的教学效果，改进教学工作方式和方法，提高教学质量的重要依据。

二、考核内容

跆拳道运动考核内容的选择，主要是根据教学大纲所规定的考核内容和方式，针对不同年级、不同教学阶段的要求，选择基本的、常用的重点技战术和理论知识作为考核的基本内容。除了要考核基本理论、基本技术以及跆拳道专项素质以外，还要考核训练组织竞赛与裁判等艺术技能。

三、考核方法

（一）技术、技能的方法

1. 技术评定

技术评定（简称技评）是根据学生完成技术动作的质量进行评分。技评是否客观、准确，重要的是考核前将所要进行考核的技术（包括单个动作和组合动作）按其动作结构分为若干个环节，然后根据每个环节完成的情况，按 10 分制恰当而合理地确定得分标准。考核时，教师根据学生做动作时主要环节完成的质量和每个环节出现错误的性质和程度进行评分和扣分，然后计算其实际得分，从而评定其成绩。

对低年级学生来说，强调基本技术的规范化，考核应以基本技术的技评为主。对高年级学生的技评，可以侧重以技术的运用能力为主。

2. 达标测试

达标是通过测试形式的一种方式。根据学生完成技术动作的速度的快慢、力量的大小（功力）和正确性，按一定要求制定评分表，可引用百分制，也可采用五等级制（优、良、中、及格、不及格），等级的确定要符合统计学的原理和学生的实际情况。达标方法既适用于单个技术动作考核，也适用于组合技术的考核。

达标的方法既可以单独采用，也可以与技术评定结合使用。达标测试既看动作的速度、力量和准确性，又看动作是否合乎规范要求。

（二）理论考核的方法

理论考核主要采用笔试和口试等方法。

1. 笔试

笔试分闭卷和开卷两种。闭卷考核主要是考核学生对需要记忆的理论知识掌握的程度。开卷考试主要是考核学生运用所学理论知识对问题分析和解决的能力。前者适用于低年级学生的理论考核，后者适用于高年级学生的理论考核。

2. 口试

口试的方法适用于各年级学生。低年级的学生可以通过课堂提问的形式进行，高年级学生可以通过专题答辩的形式进行，这样才可能真正了解学生掌握理论知识的深度和广度、分析问题和解决问题的能力以及语言表达能力。

（三）基本技能的考核方法

学生要进行基本技能的培养与考核。考核的方法主要通过跆拳道教学实习、组织竞赛与裁判工作实习、课外作业进行，根据学生实际工作能力评定成绩。

课外作业是一种理论与实践相结合的方法。通过这种方法让学生独立完成一些实际工作，从而了解学生的理论水平和实际工作能力。

四、学习成绩考核工作的基本要求

一是要加强思想教育，使学生正确对待考核，严格遵守考试考查纪律。

二是要从实际出发，根据培养目标的要求和学生的具体情况，注意区别对待，正确选择考核的内容和方法。

三是在教学的开始就应让学生了解本门课程的考核内容、方法与要求；进行身体素质、技术的摸底测试；积累原始资料，为制定适宜的考核标准和检查教学效果准备合理的参考资料。

四是考核结束后，要仔细核对每个学生各项考核的成绩。对理论、技评的达标比例及技能的评定分要合理。然后，对学习总成绩进行评定。

第四章　竞技跆拳道训练

本章共分为八节，分别为竞技跆拳道训练概述、竞技跆拳道训练的原则、竞技跆拳道训练的方法、竞技跆拳道的技战术训练、竞技跆拳道赛前训练和训练疲劳、竞技跆拳道运动员心理训练与智能训练、竞技跆拳道体能训练以及竞技跆拳道运动员体重控制、常见运动损伤的预防与处理。

第一节　竞技跆拳道训练概述

一、概述

跆拳道技术是根据跆拳道运动实践经验和科学原理而形成的，能够充分发挥运动员身体能力，合理有效地完成动作的方法。合理性表现为遵循人体运动规律，符合生物力学的原理与方法；有效性表现为能充分发挥人体潜能，并转化为运动成绩。合理有效的动作方法是以理想动作模式为衡量标准，经过设计而创造出来的。同时，技术因为跆拳道运动的特点和运动员个人特点的不同而呈现出多样性，所谓"一人一法"。技术始终处于一个不断发展、完善的动态过程中，变化是永恒的，没有一成不变的模式，因而合理有效且具有相对性。

跆拳道训练过程就是一个不断规范技术的过程。技术规范是一种理想的技术模式，是在竞赛规则和比赛任务的制约下，经过长期运动实践及以相关科学原理为依据而形成的合理技术。作为一个技能类格斗对抗项目，跆拳道技术动作表现出的灵活性、可变性及实效性，都集中在其本身所具有的特性——没有可供遵循的固定模式上。比赛中为了达到击中对手得分的目的，所选择的攻防动作必须依据临场情势，如距离、速度、方向、角度、站位等一切与比赛相关的因素来及时、合理地调整技战术动作，不断变换技战术的动作方法，才能达到取胜的目的。

全面、精细、准确、快速、多变、实用、有效是跆拳道技术训练的目的与任务。不同的运动员有着不同的技术风格、特点和身体条件，因此在训练中要有针对性，保证训练的方法、手段更加符合运动员的实际情况，从而取得更好的效果。在比赛中，运动员运用技术动作有效击中对手得分而取胜的能力称之为技能。技术动作是否有效、能否成功，除全面掌握基本技术外，还取决于比赛双方的动作状态与变化是否与自己的行动对策相对应。掌握技术与运用技术，这两者的关系如同掌握了先进武器并不能保证一定会赢得战争胜利一样。现代竞技跆拳道的技术简单实用，其基本技术是所有技术的精髓和灵魂，任何技术的变化和运用都是在基本技术基础上发展、衍生出来的。但是，基本技术只是跆拳道技术规范化和理想化的单个技术，在比赛实战中，基本技术需要根据时机、距离、战术和运动员自身条件加以变形才能有效地使用。制约胜负的因素是多方面、多层次的，而对技术动作的操作与控制，往往是决定技术动作实效性的关键。跆拳道技术训练的主要任务是提高运动员在比赛条件下、无序动作状态中，对动作的调控能力，以及在临场中对比赛情势变化的反应能力。影响跆拳道技术动作发挥实效性的因素也就是决定跆拳道技术运用的因素。除在前面讲到的诸如动作要素、技术要素外，下面几点则是应该特别予以重视的。

由于比赛规则、对手及比赛条件、环境的诸多制约，在众多的跆拳道技术中，能用于比赛的技术十分有限。跆拳道比赛不同于其他交手对抗性项目，严格意义上讲，跆拳道比赛的节奏是非均衡性的，真正交手时，节奏快而变化多。可在大多数情况下，是双方运动员的相互对峙，这是由跆拳道技术特点所决定的。但凡以腿法去攻击对手，所需时间和动作运行路线较长，留给对手的反应时间也充裕，较易进行防守与反击，所以对战双方都寄希望于对手进攻，自己来反击，这势必使进攻与反击的概率大大减少。因此，抓住稍纵即逝的时机，对比赛双方来说至关重要。依照技战术水平的高低，可将运动员对时机的认识分为高、中、低三个层次：高水平的运动员善于利用一切机会来创造时机，如设计陷阱让对手上当、使用假动作调动对手、利用对手的疏忽等创造时机并能抓住时机迅速予以攻击。中等水平的运动员善于寻找时机，这类运动员善于观察与判断，总是在琢磨对手的攻防薄弱环节，对手一旦出现破绽，定会马上抓住机会，迅速攻击，绝不放过。而水平较低的运动员则只能等待时机，等待对手的失误与疏忽。

时机总是在双方不断运动中反复出现的，当时机到来时，如何选择动作来达到攻击效果的最大值呢？任何动作都不是万能的，能够进攻的动作都会招致对手不同程度的反击。比赛中经常是几种腿法、拳法之间形成一个互为循环、相互作用而又相互制约的技术整体，从这个技术整体中相生相克而产生不同的风格与特点，赋予跆拳道技术打法的无限技巧。因此，在选择动作上应加深对跆拳道比赛本质规律和特点的认识，从整体上全面解析技术动作间的内在联系与对应关系。要根据临场情势的具体状态，随机应变，选择最简单、最直接、最有效和成功率高的动作进行进攻与反击。跆拳道比赛中技术动作没有固定不变的模式，也很难按照赛前预定的技战术程式来进行，一切只能视情况而定，在对手变化的瞬间，抓住时机快速果断地予以击打。

在比赛中，双方运动员总是在相持或不断移动中寻找最佳的进攻与反击的时机，一旦抓住时机，就会从各种技术动作中选择出最适宜的动作和击打方式，以最快的速度予以攻击或反击，那么，随之而来的问题就是击打什么部位（有效得分部位）最有效、最有价值。应选择对手暴露面大、不易防守或来不及防守的部位；能够击打分值高的部位，如头部，就不去选择分值低的部位，如躯干等。在选择击打部位时，要充分考虑击打后自己身体所呈现的态势和站位，是否有利于对手反击。避免选择容易造成对手反击的动作。动作选择没有唯一性，当时机出现时，动作选择呈现出多样性，可供选择的动作有许多，可是最佳的选择只有一个，那就是最直接、最容易、最有价值的攻击动作。

在跆拳道技术训练过程中，不同的阶段有不同的规律、特点、层次、目的与任务。可以将整个技术训练过程大致分为三个阶段。

第一阶段是基本技术的训练阶段。在这个阶段中，因为没有外部因素的干扰，所以一切训练均是以自我为中心的重复性训练过程，技术训练的主要任务是规范技术动作，尽可能多地掌握技术动作的种类与数量，提高技术动作质量和熟练程度，形成稳固的运动动力定型。当基本技术趋于成型、稳定之后，完成动作过程中出现的问题，一定要在快速中去纠正、改正。只有在快速中解决问题，才能在实战中有所体现，才具有实战意义和实效性。这一阶段的训练具有个人强化技术动作训练的特点。

第二阶段是技术运用的训练阶段。在这个阶段中，技术训练的主要任务是将技术动作上升到运用层次，在技术动作的运用方法与手段上，较少考虑对手的因素，多以组合形式出现，其目的是形成自己独特的技术风格、特点与打法，能够熟练地掌握和运用组合进攻技术、反击技术、反反击技术等。这一阶段的训练具有自我设计攻防技术组合动作和形成技战术意识的特点。

第三阶段是视情应变的训练阶段。在这个阶段中，技术训练的主要任务是将自己的技术动作纳入对手动作状态的变化之中，强调技术动作的灵活性、可变性、适应性和实效性。可以认为，此阶段的一切训练都是围绕对手而展开的，以战胜对手为目的的。基于此，熟悉、了解对手的实际情况是这一阶段训练需要解决的首要问题。只有充分了解对手的真实现状，训练才有针对性，才能"制人而不制于人"。这一阶段的训练具有以对手为中心的差异性训练特点。

二、竞技跆拳道锻炼价值和科学原理

（一）竞技跆拳道的锻炼价值

前国家体育总局局长伍绍祖将跆拳道的功能高度概括为"健身、防身、修身"。跆拳道是一项可以提高身体素质、培养意志品质、具备娱乐观赏性的活动。

1. 竞技比赛、娱乐观赏

跆拳道是一项在全球范围内广泛发展并受到热烈欢迎的竞技运动。当练习者水平足够并满足比赛的条件时，可以获得更多参加地区、省级、全国性邀请赛、精英赛、争霸赛、锦标赛和冠军赛的机会，还可以参加各种运动会和世界性比赛。在比赛中可以增强自己的能力，展示自我价值，还可以为家乡赢得荣誉，为祖国赢得荣誉。跆拳道是一项需要技巧和智慧的运动项目。在跆拳道竞技比赛中，参赛选手互相用手和腿攻击，除了需要强壮的身体素质，更需要斗志和勇气。跆拳道品势表演，动作一致有序，展现出强大的气势。跆拳道的特技表演展现出运动员非凡的技艺水平，令人目不转睛，紧张刺激。无论是在比赛中还是表演中，跆拳道都具有非常高的观赏性，既能丰富人们的文娱生活，又能让观众感受到跆拳道的力量和美感，并激励人们斗志昂扬，振奋精神。

2. 激发潜能、磨炼意志

跆拳道以"礼义廉耻、忍耐克己、百折不屈"为宗旨。其实用性强、技击性强，涵盖的动作包括旋转、腾空、跳跃等，难度颇高。进行这些动作需要练习者身体各部分协调自然平衡，以及具备敏锐的洞察力、精密的分析能力和准确的判断力。在跆拳道训练中，练习者的智力、体力和精神潜力得以激发，从而具备更高的创造力。跆拳道训练能够把练习者的体能训练至极限，练习者需要对抗身体和精神上的疲劳，克服惰性和软弱，不断战胜自我、超越自我。跆拳道能够培养人的坚韧毅力、不屈不挠、奋发向上的品质和精神，使练习者在生活和社会中能够发挥领导和示范的作用。这种能力和坚强的精神能够增强人的信心，赋予其勇气。跆拳道注重精、气、神三方面综合发展，要求学习者在练习中始终保持坚毅精神，不惧困难和强敌，并不断追求精湛技艺。

3. 健全人格、塑造精神

通常，跆拳道训练是以团体为单位进行的，大家一起用力、用声、用意、用神，在每个动作中展现出坚实的身体和拼搏的精神。练习者应该互相协作、默契配合、团结一致、彼此帮助、互相爱护。由此可见，跆拳道训练不仅可以促进人与人之间的和谐关系，还能够加强人们的爱国主义和集体主义精神。大量实际案例证明，通过跆拳道训练，人的身体和意志可以由弱变强，会变得勇敢、自信、大公、宽容、谦虚、求实，会不断完善自我，打造理想的人格。这就是为什么人们称赞跆拳道为一种高尚的强身武术。跆拳道训练涵盖了体能、智能和精神等多方面，能够全面锻炼身体、增强意志，培养出强大的个人能力。跆拳道训练不仅有益于身体健康，还可以使人精力充沛、心理健康，充满积极的创造性和生命活力。

（二）竞技跆拳道训练的科学原理

近些年，跆拳道运动深受年轻人喜爱。跆拳道不仅可以增强人的体能，而且可以磨炼人的意志，提升人的心理素养。跆拳道运动和训练通过科学原理展现出跆拳道训练的科学性和健康性。

1. 应激原理

应激指的是人体对外界负荷刺激产生的心理和生理反应。随着人体机能对原有负荷平衡和适应状态的打破，使得人体产生应激反应，从而适应新的负荷水平。在跆拳道运动训练中，对应激原理进行了实战性运用。例如，教练员不断加大跆拳道练习者运动负荷，使得练习者身体产生应激反应，逐渐形成新的负荷平衡。如果超出运动负荷极限值，练习者的身体会出现疲劳症状；如果出现过度超值，则会使练习者身体机能衰竭现象。

2. 运动负荷原理

跆拳道训练负荷指练习者的生物负荷适应，尤其练习者在身体形态结构、身体机能方面的适应。练习者身体负荷强，其运动能力也提升；运动能力提升，相应的身体负荷能力会更强。在不同的训练阶段，跆拳道运动员负荷的承载力也不同。在训练初期，跆拳道运动员需要增加运动负荷提高身体负荷；在训练后期，则需要提高负荷强度来应对练习者身体机能刺激。

3. 新陈代谢原理

跆拳道训练需要消耗大量的体能，机体的新陈代谢在训练过程中是极为活跃的。不同的训练阶段，训练员的新陈代谢和体能消耗程度不同。短时间的训练，如 5 分钟以内，练习者机体供能以糖酵解为主；长时间的训练，如大于 5 分钟，运动训练以有氧氧化系统供能进行新陈代谢。因此，掌握训练员新陈代谢原理，根据身体机能需求掌握科学饮食、补充营养，可以为训练员增强体质和提高技能水平奠定良好的物质和能量基础。

第二节　竞技跆拳道训练的原则

一、系统性与实战性相结合

从系统论的角度分析，跆拳道战术系统由多个子系统组成，不同的战术系统具有不同的特点和功能。例如，从进攻和防守的角度，可以把跆拳道的战术系统分为进攻战术系统和防守反击战术系统。系统性原则的基本精神是按照战术训练内容的逻辑体系进行完整系统的训练，把各个环节的战术有机地串联在一起，从而突出重点，运用现代的、科学的训练方法进行训练。

二、注意培养战术意识和战术打法

跆拳道竞赛战术的制定，需要在赛前观看对手的比赛现场或者录像，搜集其信息，分析对手和自己的优势与劣势，集合运动员和教练的智慧，分析赛场中可能出现的情况，并制定战术打法。赛场情况变化莫测，运动员应在日常训练中，锻炼自己的独立判断能力、战术思维和应变能力，只有具备较高的战术意识，才能制定出合理的战术，并且在比赛中随机应变，调整战术打法。培养战术意识的方法有以下几点：首先，在运动员的日常学习中要加强文化学习，了解跆拳道技战术特点及其客观规律；其次，在技术训练中培养运动员的战术意识，技术是战术的基础，战术取决于技术，系统地学习、掌握技术是增强战术意识的重要环节；最后，实战是训练的最终目的，日常训练必须在实战中加以检验，运动员的战术意识必须通过实战这一有效的途径加以培养和提高。通过以上这几种练习方法，运动员能在比赛中合理利用战术，最终赢得比赛。

在跆拳道训练中，要根据运动员的自身条件，制定出几种能充分发挥其特长，弥补其缺陷的战术及技术，还要让运动员掌握其他各种战术及技术，以适应复杂多变的比赛。

三、基本战术与多种战术相结合

在平时的训练中，应让运动员熟练掌握几种基本战术，在掌握基本战术的基础上，根据自身特点选择几种适合自己的其他战术进行反复练习，做到灵活运用多种战术，以应对不同战局的需要。但要注重战术的实效性、实用性。

四、注重战术训练质量

在战术训练时要模仿实战气氛，要严格按实战中的要求去练习。战术动作时机、力量、判断、反应、距离、方向和角度等，都要以较高质量来完成。每个运动员根据自己的特点掌握符合自己的基本战术，是保证战术质量的一个原则。因此，在进行战术训练时要因人而异，针对每一个运动员不同的特点来制定与之相适应的战术打法。

五、战术训练与其他训练相结合

掌握一定的技术才能提高战术，如果没有掌握基本的技术，战术训练就只是一句空话，战术训练与身体训练、心理训练、技术训练是分不开的。一次成功的战术是多方面共同协调作用的结果，因此，战术训练要与技术训练、心理训练、身体训练协调进行。战术形成以体能为基础，不同的战术需要不同的体能，体能中的速度、爆发力和灵敏性等运动素质是比赛取胜的基础和支撑。

第三节　竞技跆拳道训练的方法

一、竞技跆拳道一般训练方法

竞技跆拳道一般训练方法包括完整训练法、间歇训练法、分解训练法、循环训练法、重复训练法、比赛训练法、变换训练法。

（一）完整训练法

完整训练法指的是在进行跆拳道运动训练的过程中，不论是何种技术动作，从训练开始直到结束，完整地结合在一起进行练习的一种训练形式。

在跆拳道运动训练的过程中，运用完整训练法的作用在于，使运动员对技术动作有更加完整的了解，从而保持技术动作的完整结构以及各个部分之间的内在联系。完整训练法既可以用于单一动作的训练，也可以用来进行多元动作的训练；既可以在个人成套动作的训练中运用，也可以在集体配合动作的训练中运用。

（二）间歇训练法

间歇训练法指的是在机体没有恢复到工作前起始水平时进行的训练。间歇训练法是一种严格控制间歇时间的训练方法，也是提高专项运动素质的主要方法。人们通常认为，体能与运动技能的增强都是在运动过程中实现的，其实有时候体能与技能的增强也是在运动间歇中实现的，是从运动员休息时所获得的超量恢复中实现的。如果抛开在休息中取得的超量恢复，那么运动就成了对增强体质毫无意义的事，甚至不起任何作用。间歇在增强技能方面所发挥的作用与运动本身同样重要。间歇法分为三种：一种是高强型间歇训练法，一种是强化性间歇训练法，还有一种是发展性间歇训练法。

在进行跆拳道运动训练时，采用间歇训练法不仅有利于促进运动员肌肉力量的增加，而且对锻炼运动员的内脏器官也十分有效。这主要是由于在间歇中肌肉能够获得休息，但呼吸系统与循环系统依然处于紧张的工作状态中，这时进行下一次的练习会对运动员的循环系统和呼吸系统提出较高的要求，因此这些系统就会得到相应的锻炼。

在具体运用间歇训练法的过程中，应该根据不同的任务，选择相应的间歇方案。通常情况下，如果用间歇法来训练跆拳道运动员的耐力，每次练习中重复的次数就要多些，练习的强度就应该偏小些。如果运用间歇法来发展跆拳道运动员的瞬间力量，则采用的负荷重量应该相对较轻，强度应该偏小，练习的次数以及组数则应该较多些。如果想通过间歇法来发展跆拳道运动员的弹跳能力，那么安排的练习强度应该大些。

在跆拳道训练中使用间歇训练方法要注意以下几点：

首先，在间歇过程中，运动员切忌完全静止不动，间歇中的休息应该是积极的，如通过呼吸运动、慢走、慢跑来使肢体得到放松。做一些缓慢的、幅度小的活动有利于使血管受到肌肉的按摩，这对补充血液与排除体内的废物是十分有利的。

其次，休息和运动要交替进行，严格安排休息的时间，在机体还没有完全恢复时就要进行下一次（组）练习。

最后，每次练习的时间不应该过长，要以训练的具体要求来对强度作出选择，强度可小可大，甚至可以大于比赛中的强度。

（三）分解训练法

分解训练法指的是对完整的技术动作进行合理划分，划分后的技术动作主要由若干环节或部分组成，然后对划分后的环节或者部分分别进行训练的方法。

在跆拳道运动的训练过程中，运动员很难一次掌握整体技术动作，这就需要教练员对完整的技术进行合理划分，运动员先掌握划分好的单个技战术，然后在此基础上学习整体的技术，这样整体技术就相对容易掌握了。例如，在旋风踢接侧踢组合技术的训练中，运动员从自然体开始，先左足蹬地，身体向右旋转，然后右足向右摆，左腿跟随右腿向右旋踢。下地再次顺势转体，右足再向正前方侧踢，这样分成几个环节来练习更有利于运动员对动作的规范掌握。

同样，在跆拳道运动的体能训练中，也可以把运动员的体能训练分解成各个部分，如分解成有氧耐力训练、无氧训练，或分成力量训练、速度训练、灵敏性训练等，然后对每个组成部分进行有针对性的训练。

（四）循环训练法

循环训练法要求根据跆拳道运动训练的具体任务，把预先设计的多项活动内容设计成若干个站，在训练过程中运动员按照一定顺序一站一站地进行练习，运用循环练习的方式周而复始、循环往复地进行练习。一般，开始时先练一个循环，过 2~3 周再增加一个循环，逐渐增加到 3~4 个循环，但最多不得超过 5 个循环。一次循环中应包括 6~14 个不同的练习，每个练习间歇为 45~60 秒，每个循环间歇为 2~3 分钟。该方法对刚刚参与跆拳道运动训练的运动员来说较为适用。概况来讲，循环训练法的作用主要表现在以下三个方面：

一是循环训练法有利于增强运动员的肌力、心肺机能，发展其身体素质。

二是循环训练法可消除枯燥感，减轻肌体肌肉的局部负担，使肌肉不易疲劳，从而调动运动员的训练积极性。

三是循环训练法的使用可因人而异，有利于解决负荷量问题，避免运动员在训练中出现过度紧张的状况。

如表 4-3-1 所示，为循环训练法的基本类型及特点。

表 4-3-1　循环训练法的基本类型及特点

要素类型	循环重复训练法	循环间歇训练法	循环持续训练法
循环过程	间歇且充分	间歇不充分	基本无间歇
负荷强度	最大	次大	较小
负荷性质	速度、爆发力	速度耐力、力量耐力	耐力
功能形式	以磷酸原代谢系统供能为主	以糖酵解代谢系统供能为主	以有氧代谢系统供能为主

循环重复训练法在跆拳道训练中的重点是发展运动员的速度素质和速度力量素质，提高运动员在大强度情况下运用技战术的能力。在训练实践中常常将技术动作训练、身体素质训练和能量代谢系统的训练结合起来，进行综合性的训练。如图 4-3-1 所示，这种练习的负荷强度最大，每站练习的间歇要充分。

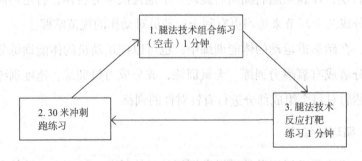

图 4-3-1　循环重复训练法模式图

　　循环间歇训练法（图 4-3-2）的练习负荷量较大，但每项练习后的间歇时间较短，使运动员的肌体处于不完全恢复的状态下就进行下一站的练习，这种训练法方法的目的是提高乳酸系统供能能力和无氧、有氧混合供能能力，提高速度力量、速度耐力和力量耐力以及运动员在疲劳状态下完成技战术的能力。在实践中常把大强度的技术练习与身体练习配合起来进行训练。例如，先进行 1 分钟的反应打靶练习，然后完成腹背肌练习各 30 次，完成后再进行两人一组的条件实战10 分钟，最后再进行蹲起横踢练习 30 次。上述练习内容组间休息 5～10 秒，完成 4 个练习内容为一大组，组间休息时间的设置要与比赛局间休息相近。

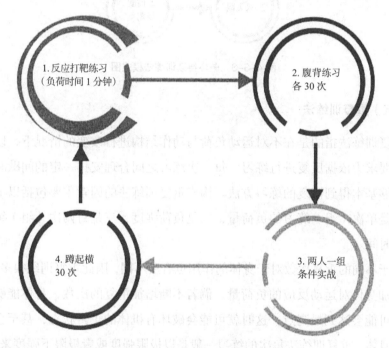

图 4-3-2　循环间歇训练法模式图

　　循环持续训练法是按照持续训练法的要求，各组之间不安排间歇时间，用较长的时间连续进行练习的方法。这种训练方法在跆拳道训练中主要用于发展一般耐力、力量耐力及专项耐力，从而提高技战术之间的衔接能力。例如，在技术训练时，安排 3～6 个练习站，依次是横踢、前腿横踢、双飞踢、下劈踢、后踢、后旋踢六种腿法空击或打靶练习，循环数组（图 4-3-3）。

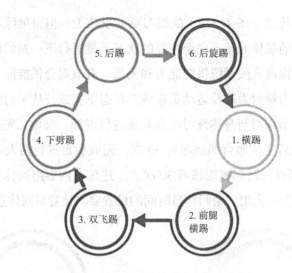

图 4-3-3　循环持续训练法模式图

（五）重复训练法

重复训练法指的是在不对运动负荷与动作结构进行改变的情况下，以事先制定好的要求为依据反复进行练习，每一次练习之间合理安排一定的间歇时间，使机体能够基本得到恢复的练习方法。构成重复训练法的因素主要包括以下三个方面：一是单次（组）练习的负荷量，二是负荷强度，三是每两次（组）练习之间的休息时间。

由于不同的重复次数对于身体的作用也有所不同，因此重复训练很多次之后，就会增加身体对运动反应的负荷量。倘若不断增加重复的次数，身体能够承受的负荷有可能会达到最高点，这时就可能会破坏有机体的正常状态，甚至会伤害运动员的身体。重复训练法每次的练习一般是以极限强度或者极限下强度来进行的。只有这样，才能对机体机能的提升起到积极的促进作用。重复训练法适用于跆拳道运动的身体训练和技术训练。在大强度训练的情况下，重复练习有助于技术动作的不断强化，使运动员不断巩固已掌握的技术动作。

根据不同的分类标准，可将重复训练法分为以下两大类：

一是根据练习时间长短，可将重复训练方法分为短时间（不足 30 秒）重复训练法、中时间（0.5~2 分钟）重复训练法和长时间（2~5 分钟）重复训练法。

短时间重复训练法可以有效提高运动员肌体的高磷化物系统的储能和供能能

力，运动员完成专项技术动作中有关肌群的收缩能力和爆发力，训练实践中可用于强化单招和组合技术的速度和爆发力。运用短时间重复训练法时一般采取极限强度练习，一般练习的时间控制在 30 秒内，每一组练习的负荷强度要保持相对稳定，突出负荷强度大、动作速度快、间歇时间充分的特点，如 10 秒的快速横踢腿练习、10 秒的规定技术组合练习等。

中时间重复训练法可以最大限度地发展运动员肌体的乳酸能系统的储能和供能能力，也就是说可以最大限度地发展运动员在完成技战术时肌肉收缩的速度耐力和力量耐力，提高运动员在乳酸供能状态下的耐酸能力。一般练习的时间控制在 0.5～3 分钟，负荷心率应为 170～190 次 / 分钟，组间休息要充分，练习的组数要因人而异，如 2 分钟的反应钉耙练习，重复练习数组。

长时间重复训练法可以提高运动员的有氧和无氧混合代谢能力，提高在有氧和无氧代谢条件下的速度耐力和力量耐力，以及运动员在完成技、战术过程中的抗疲劳能力。练习时间控制在 3～6 分钟甚至更长时间，每组练习要有充分的休息时间，如 5 分钟一组的条件实战练习，完成数组。

重复训练法的基本类型及特点如表 4-3-2 所示。

表 4-3-2　重复训练法的基本类型及特点

要素类型	短时间重复训练法	中时间重复训练法	长时间重复训练法
负荷时间	＜ 0.5 分钟	0.5～2 分钟	2～5 分钟
负荷强度	最大	次大	较大
间歇时间	相对充分	相对充分	相对充分
间歇方式	走步、按摩	走、坐、按摩	走、坐、卧、按摩
功能形式	磷酸盐代谢系统为主功能	糖酵解为主的混合代谢功能	无氧有氧比例均衡的混合代谢功能

二是按训练间歇方式，重复训练法可以分为连续重复训练法和间歇训练法。重复次数不同，对身体的作用不同，对巩固机能和提高技能的作用也不同。

（六）比赛训练法

比赛训练法是指组织竞争性的、有胜负结果的、以最大强度完成练习的训练方法。比赛训练法的提出以运动员本能的竞争和好胜心理、运动能力形成的规律和原理、跆拳道运动的竞赛规则等因素为依据。比赛训练法按比赛的不同性质可以分为四种，即教学性比赛法、检查性比赛法、模拟性比赛法和适应性比赛法。

在跆拳道运动训练中，运用比赛训练法进行训练的作用主要包括以下四个方面：

第一，有助于激发运动员的训练积极性。

第二，有助于提高运动负荷的强度。

第三，有助于提高运动员的心理承受力。

第四，促进跆拳道训练与实战的结合，有助于运动员更好地掌握和改进运动技术，从而提高运动实战能力。

比赛训练法的基本类型及特点如表 4-3-3 所示。

表 4-3-3　比赛训练法的基本类型及特点

基本类型	教学性比赛法	检查性比赛法	模拟性比赛法	适应性比赛法
比赛规则	正式规则或自定规则	正式规则或自定规则	正式规则	正式规则
比赛环境	相对封闭	封闭或开放	封闭或开放	开放
比赛过程	可人为中断	不可中断	不可中断	不可中断
比赛对手	队友或对手	对手	队友或对手	对手
比赛裁判	临时指定	正式指定	临时或正式指定	正式指定

教学性比赛法是指在训练条件下，根据教学的规律或原理、专项比赛的基本规则或部分规则，进行专项练习的方法。教学比赛可以是本队内部的对抗，也可以是兄弟队伍之间的对抗，比赛时可以作出针对性的条件限制，也可以进行正式的竞赛。通过教学比赛可以激发运动员的训练热情，增强运动员的竞争意识，挖掘运动员的潜力，检验阶段性的训练成果。

检查性比赛法是指模拟在真实的比赛条件下，严格按照比赛规则，对赛前训练过程的训练质量进行检验的训练方法。在训练实践中，教练员可通过此方法检验运动员的运动成绩、训练水平、技术质量、影响因素、技战术水平等，通过检查性比赛寻找训练中的不足以及失败原因，然后进行针对性的改进，提高专项竞技水平。

模拟性比赛法是指在训练的条件下，模拟真实比赛的环境或对手，并严格按照比赛规则进行比赛的训练方法。通过模拟对手可以对对手的打法、技术特长等有预期适应，找出对手的弱点，并针对性地制定相应的战略战术，做到"知彼知己，百战不殆"。通过模拟训练环境，可以有意识地提高运动员排除不良因素干扰的能力，形成稳定的心理状态，为参加重大比赛奠定基础。

适应性比赛法是指在真实的比赛条件下，力求尽快适应重大比赛环境的训练方法。适应性比赛是在真实的比赛环境下进行的，在适应性比赛中要制定一套完整的方案，包括赛前准备、赛中实施和赛间调整等。在跆拳道比赛中，赛前准备包括场地的适应、环境的适应、比赛时间的适应几个方面，赛中实施包括运动员对可能出现的不良因素的排除，赛间调整包括运动员对影响比赛不良因素的调节和自己已有良好状态的发挥等。

（七）变换训练法

变换训练法是指变换运动负荷、练习内容、练习形式和条件，以提高运动员的积极性、趣味性、适应性及应变能力的训练方法。变换训练法也是跆拳道训练中常用的方法，按其内容可分为三种，即负荷变换训练法、内容变换训练法和形式变换训练法。

变换训练法的基本类型及特点如表 4-3-4 所示。

表 4-3-4 变换训练法的基本类型及特点

要素类型	负荷变换训练法	内容变换训练法	形式变换训练法
负荷强度	变化最大	可变或不变	可变可不变
动作结构	相对固定	变换	固定或变换
功能形式	可在多种代谢形式之间转换	以某种代谢形式功能为主	以某种代谢形式功能为主

负荷变换法可用于身体素质训练，也可以用于技战术训练，应用时，要根据跆拳道比赛的特征，结合重复、间歇等训练方法在不改变技术动作外形的前提下，通过变换练习强度、次数、时间、组数以及间歇时间和形式等因素满足专项训练的要求。

内容变换训练法可使运动员各种身体素质、各种技战术的攻防训练得到全面的发展，应用时，练习的动作结构可为变异组合，也可为固定组合，如变换素质练习、变换技术练习、变换战术练习和变换技术与战术动作配合练习等。变换的核心是要围绕练习的性质，要符合专项的特点及运动竞赛的客观规律。

形式变换训练法的运用是在不同形式的训练作用下，提高运动员的训练兴趣，提高训练课的质量，高效率地完成训练任务。形式变换的内容主要有环境变换、时间变换、内容变换、组织形式和训练气氛的变换等。通过多种形式的变换使各种技术衔接起来，刺激运动员训练的积极性，使运动员全身心地投入训练中，提高运动成绩。

二、跆拳道专项训练方法

跆拳道专项训练法包括击靶训练法、空击训练法、护具训练法、攻防训练法、实战训练法、模拟训练法。

（一）击靶训练法

击靶训练法指的是一名队员持靶，另一名队员进行练习，运动员采用相应的技法动作进行攻击，以促进技术水平提高的练习方法。跆拳道的练习靶有五种类型，即胸靶、脚靶、护具靶、沙包靶、击头靶。不同类型的技法动作可以采用不同类型的靶进行练习。例如，前踢、后踢、旋踢、劈腿等可以利用手靶来练习；推踢、侧踢、转身后踢等可以利用胸靶来练习等。根据不同的训练内容与方法，可以采用不同的击靶训练法，运用这一方法可以促进运动员技法动作的快速提高，促进运动员技法动作动力定型的准确建立。快速地示靶与击靶能够促进运动员动作条件反射能力的提高。快速、持久地击靶能够促进运动员技法动作的速度、力量、耐力以及抗阻力能力的不断提高。不同距离、位置的击靶与示靶能够有效促进运动员技法动作动态变化调节能力的提高。

1. 胸靶训练法

胸靶训练法是通过对专门制作的圆形或长方形加厚胸靶的运用，对运动员的拳法、以直线型为主的腿法进行训练的方法。运用胸靶训练法不仅可以与直线型腿法的练习相适应，而且可以承受较大力量的打击。胸靶放在运动员胸前的位置，与动作攻击对方运动员身体的得分部位相同，这有利于运动员对目标感、距离感、作用力（或反作用力）感觉的培养。跆拳道中，迎击对方时主要采用直线型腿法，对迎击型的腿法技术进行训练时，持靶的运动员不动，击靶的一方也不动，持靶的一方向前移动，或持靶模拟使用腿法进攻的瞬间，击靶运动员迎着对方进行进攻或反击。胸靶训练法的具体手段如下：

（1）拳法击靶训练法

迎击拳击靶：

一方运动员将胸靶放在胸前，另一方队员采用迎击拳进行击靶。

阻击拳击靶：

一方运动员将胸靶放在胸前，另一方队员通过阻击拳进行击靶。

勾击拳击靶：

一方运动员将胸靶放在胸前，另一方队员通过勾击拳进行击靶。

（2）腿法击靶训练法

侧踢击靶：

一方运动员做好预备姿势，双眼注视对方并做好击靶准备；另一方运动员持靶站立。持靶运动员向前上步，击靶运动员同时用前腿侧踢。另一条腿推踢击靶，注意预备姿势的前后脚与侧踢击靶的脚不同。

推踢击靶：

一方运动员做好预备姿势，双眼注视对方并做好击靶准备；另一方运动员持靶站立。持靶运动员向前上步，击靶运动员同时用前腿推踢。另一条腿推踢击靶，注意预备姿势的前后脚与推踢击靶的脚不同。

转身后踢击靶：

一方运动员左脚在前做好预备姿势，另一方运动员持靶站立。击靶运动员向右后转身 180 度，然后用右后腿踢靶。另一条腿转身后踢击靶，注意预备姿势的前后脚与后踢击靶的脚不同。

2. 脚靶训练法

脚靶训练法是指采用专门制作的脚靶对运动员的腿法进行训练的方法。脚靶分为无柄脚靶和有柄脚靶两种类型。这主要是基于训练不同腿法的运用能力和产生不同训练效果的需要为依据划分的。

有柄脚靶比较薄，动作击打后不会产生阻力，能够促进运动员腿部动作速度的提高，并改善其肌肉弹性。无柄脚靶比较厚，因此持靶运动员可以承受较大的击打力量，这有利于促进运动员腿法动作击打速度力量的增强。然而，因为运动员在踢无柄脚靶时，肌肉紧张用力，而且厚脚靶会产生阻力，所以运动员的肌肉容易僵硬。另外，不同的腿法适合采用不同类型的脚靶进行练习，运动员应根据自己的实际情况为依据慎重选择。如果综合使用二者来进行练习，就可以使利弊得到互补。

（1）无柄脚靶训练

开势后横踢击靶：

双方运动员开势站立，一方持靶，另一方双眼注视对方做好击靶准备。持靶运动员右手示靶时，击靶运动员用后横踢快速击靶。换腿后的开势后横踢击靶动作与此相同，注意持靶运动员的手与后横踢击靶运动员的脚不同。

闭势前横踢击靶：

双方运动员左闭势站立，一方持靶，另一方双眼注视对方做好击靶准备。持靶运动员左手示靶时，击靶运动员用前横踢快速击靶。右闭势击靶动作与左闭势前横踢动作相同，注意持靶运动员的手与前横踢运动员击靶的脚不同。

（2）有柄脚靶训练

开势后横踢击靶：

双方运动员开势站立，一方持靶，另一方双眼注视对方做好击靶准备。持靶运动员左手示靶，击靶运动员同时用后横踢快速击靶。换腿以后的开势后横踢击靶动作与此相同，注意持靶运动员的手与后横踢击靶的脚不同。

闭势前横踢击靶：

双方运动员左闭势站立，一方持靶，另一方双眼注视对方做好击靶准备。持靶运动员左手示靶，击靶运动员同时用前横踢快速击靶。右闭势击靶动作与左闭势前横踢相同，注意持靶队员的手与前横踢击靶队员的脚不同。

转身横踢击靶：

双方运动员左闭势站立，一方持靶，另一方的右腿经左腿后面向对方上步，同时身体向右转体360度用左横踢快速击靶。持靶运动员在对方击靶后快速示靶。右闭势转身横踢击靶动作与左闭势横踢击靶动作相同，注意持靶运动员的手、击靶运动员的转身方向和使用的脚不同。

3.护具靶训练法

护具靶训练法指的是通过使用专门制作的加厚护具进行各种攻击技法，从而促进运动员的时机感、距离感、目标感等不断提高的练习方法。其他击靶训练法都是双方运动员中一方持靶，另一方进行练习，靶动作的时机、方向、角度、目标、距离等与真实的攻击对象总是有一些不同。而护具靶是穿在运动员身上的，和实战条件几乎一致，击打护具靶时要对动作的击打力量进行适当控制。这一训练法与实战的客观条件几乎相符，对于运动员发出动作的真实动作条件反射能力的提高非常有利。所以，在模拟训练中，经常采用这一手段来对运动员的技能水平进行训练。护具靶训练法的具体手段如下：

（1）侧踢击靶

双方运动员闭势站立，一方向前进步时，另一方用侧踢迎击对方腹部。

（2）转身后踢击靶

双方运动员左闭势站立，一方向前进步的同时，另一方向右后转身180度，随之用后腿右踢对方的腹部。

（3）闭势前横踢击靶

双方运动员闭势站立，一方用前横踢击打另一方的腹部。

4. 沙包靶训练法

沙包靶训练法是通过对专门制作的沙包的运用，来对运动员前、后手阻挡拳、上勾拳、后手迎击拳等拳法，以及正踢、旋踢、侧踢、转身横踢、转身后踢等踢法技能进行训练的方法。沙包靶的形状是圆的，在空中垂直悬吊。沙包靶训练法适合用来对直线型的动作进行训练，而不适合训练弧线形的一些动作。例如，用这一方法来训练前、后横踢腿这个动作，脚背与沙包之间容易产生摩擦力，这样运动员的脚背就很容易出现擦伤。为了避免伤痛，运动员的身体会自然倾向一侧，这样才能使脚背和沙包平面接触，防止损伤。运动员发出动作，身体先倾向一侧，不仅会对横踢腿的技术规范造成破坏，而且会使动作预兆产生。这样的动作动力定型一旦形成，在比赛时采用横踢腿动作就很难将对方击中了。所以，要有选择地选用沙包训练法来练习腿法与拳法。

运用沙包靶训练法进行训练，不但能促进运动员单个动作击打力量的增强，还能促进运动员适应击打力量作用力所产生的反作用力的发展。在单个动作击打力量的练习中，运动员每一个动作的完成都需要用最大的力量，用最大力量每完成一次动作就会促进单个动作击打力量的增强。如果动作击打到沙包上，沙包就会同时产生反作用力，动作击打沙包的作用力与反作用力之间的关系是成正比的，作用力越大，反作用力也就越大。动作的反作用力会使运动员难以保持平衡，从而出现倾倒的现象。所以，运用这一训练法不但能促进运动员动作击打力量的提高，还能促进运动员对抗反作用力和保持身体稳固能力不断提高。沙包靶训练法的具体练习形式有以下几种：

第一，采用快速动作连续击打沙包，每次持续练习 10 秒左右，要尽最大能力完成练习，这一练习可以促进运动员单个动作速度的提高。

第二，采用各种拳法和腿法对沙包不间断地连击，持续练习 0.5～2 分钟，这可以促进运动员有氧耐力的提高。

第三，采用各种动作对沙包不间断地连击，持续练习 15～30 秒，这可以促进运动员无氧耐力的提高。

运动员在对沙包进行击打时，要确保动作的规范，发出动作时兴奋点要集中，要采用快速有力的动作，动作回收时要放松肌肉，一张一弛可以促进肌肉弹性和收缩力的发展。

5. 击头靶训练法

击头靶训练法是通过对专门制作的击头靶的运用，运动员向对方头部进行腿法攻击的练习方法。跆拳道的竞赛规则规定，运动员的头部允许被腿法击打，而且这是获取高分的一个重要手段。但是，出于安全考虑，平时训练中运动员很少采用这一方法。这样，运动员就难以形成腿法击打对方头部的动作条件反射能力。即使在比赛中勉强用腿法击头也难以取得理想的成绩。为了有效地解决这一问题，创造了腿法击头的训练器材和训练方法。

采用腿法击头训练法时，从腿法的起点到击头的止点的运行路线比较长，而且被击打运动员具有很强的防范击头的反应能力。所以，直接用腿法攻击对方头部，不但很难将对方击中，而且容易被对方反击。通常，采用腿法击头这一方法必须具备以下两个条件：

第一，在对方的身体向前运动、身体重心很低、身体重心难以保持平衡的瞬间击打对方头部。

第二，对方发出攻击性的动作时，适宜采用高腿法反击对方头部。

在以上两个条件下，为了促进运动员用腿法击头动作条件反射能力的形成，可以采用击头靶进行模拟训练，具体练习手段与形式有以下几种：

（1）闭势前横踢击靶

双方运动员左闭势站立，持靶一方向前上步时，击靶一方用前横踢快速击靶。右闭势击靶动作与左闭势前横踢相同，注意持靶一方的手和前横踢一方击靶的脚不同。

（2）闭势推踢击靶

双方运动员左闭势站立，持靶一方向前上步时，击靶一方用推踢快速击靶。右闭势击靶动作与左闭势推踢击靶相同，注意持靶一方的手和腿踢一方击靶的脚不同。

（3）闭势侧踢击靶

双方运动员左闭势站立，持靶一方向前上步时，击靶一方用侧踢快速击靶。右闭势击靶动作和左闭势侧踢击靶相同，注意持靶一方的手和侧踢一方击靶的脚不同。

（二）空击训练法

空击训练法是指运动员徒手隔空对跆拳道技法动作进行练习，以提高技能水平的方法。采用空击训练法进行训练，有助于运动员对各种技法动作的熟练掌握，有利于促进运动员技法动作熟练性、协调性和灵活性的提高，而且能够使运动员技法动作的动力定型快速形成。练习目的不同，运动员采用空击练习的侧重点也会有差异，具体如下：

第一，在练习基本技术时，应多注意动作的规范性，对动作的技术要领（如运行路线、击打目标、发力技巧等）仔细体会。

第二，在进行使用技术的练习时，要有再现实战环境的想象力和动作条件反射的实战意识，相同的技法动作要有动态变化，即在不同距离、方向、位置、角度等方面的变化。

第三，在进行负重练习后的空击练习时，要保持动作的轻松与协调，尽量对肌肉的弹性加以改善。

第四，在采用空击练习法进行身体素质训练时，应在规定时间内用最大的强度和密度来将技法动作完成。

（三）护具训练法

护具训练法指的是运动员将特制的厚护具穿戴好进行技法练习，以提高技能水平的练习方法。与击靶训练法相比而言，护具训练法同样是用技法动作攻击目标，但二者攻击目标的性质不同。护具训练法与比赛的运动状态比较接近，在诱导信号出现后，有利于对运动员发出攻击性动作的反应能力进行培养，有利于促进运动员时机感和距离感的增强。

采用护具训练法进行训练时，运动员发出动作时要对动作的力量进行适当的控制，否则将使对方难以承受。

护具训练法与击靶训练法的优劣势正好相反，击靶训练法有利于提高运动员技法动作的速度和力量，而对提高与比赛相同的诱导信号的反应能力是不利的，而且也不利于运动员的时机感和距离感的加强。因此，可以综合采用护具训练法和击靶训练法进行练习，实现二者的优势互补。

（四）攻防训练法

攻防训练法指的是两名运动员使用技法动作实施进攻、防守或反击，以提高技能水平的练习方法。攻防训练法有利于运动员熟练运用每一种技法动作，有利于加强在对抗条件下动作的时间感知觉和空间感知觉，有利于促进技法使用的动作条件反射能力的提高。

采用攻防训练法进行练习时，要注意循序渐进、由简单到复杂地进行，具体如下：

首先，一方运动员通过一个一个的单个腿法动作进行进攻，另一方运动员针对攻方的单个动作进行防守或反击。

其次，在技术使用能力和动作反应能力提高后，一方运动员通过连击法进行进攻，另一方运动员相应地进行防守或反击。

再次，双方运动员通过对规定动作的采用来进行随意的进攻、防守或反击。

最后，双方运动员自主使用不断变化的技法动作进行相互进攻。

（五）实战训练法

实战训练法指的是双方运动员按照比赛的要求相互对抗，以促进技能水平不断提高的练习办法。实战训练法分为条件实战和完全实战两种实战形式。

1. 条件实战

条件实战指的是根据需要，在教练员限定的范围内进行对抗的练习方法。运动员对技法的学习、运用、实战是一个循序渐进的过程，条件实战能够为运动员创造有利的条件，从而顺利过渡到完全实战。运动员可以根据需要按照内容分门别类地进行条件实战。运用条件实战的练习方法可以使运动员的心理压力得到缓解，使其能够在使用和提高某方面技法上集中注意力。条件实战的双方运动员一定要严格按照教练员规定的内容进行练习，如果超出规定范围，可能会使对方因为没有防备而受伤。

2. 完全实战

完全实战指的是两人按照竞赛规则的要求进行对抗比赛的一种练习方法。实战练习能够使运动员对比赛时的运动感觉加以体验，使其将技术水平淋漓尽致地展现出来，通过此种方法，教练员也可以对运动员的竞技能力进行衡量，从而对其实战经验进行总结。实战完全按照比赛来进行，没有调和的余地。运动员要全力以赴参与到实战练习中，就像在比赛中一样，严格使用每一个技法和战术，每一个回合中组织严密的进攻与反击。运动员也要注意在实战练习中保持稳定的心态，不能为了求胜，盲目地采用技战术，也不能因为怕输而不敢使用技法。进行实战练习并不是为了取得胜利，而是通过这一方法来对技法运用成功的经验和失败的教训进行总结。实战练习有利于促进运动员竞技能力的不断提高，但长期采用这一练习方法的话，运动员的心理容易疲劳，而且也容易受伤。所以，应合理地为运动员安排完全实战练习方法。

（六）模拟训练法

模拟训练法指的是择取比赛中运用技法和战术的某一片段，让一方运动员进行模仿，另一方运动员进行进攻或反击，以提高运动员技能水平的练习方法。模拟练习有利于促进运动员使用技法的熟练度的提升。模仿的一方能否准确模拟技法和战术片段，是决定模拟训练法运用效果的关键因素。在模拟训练中，运动员一定要按照相生相克的原理来选择具有针对性的技法，确保动作的及时性与准确性。

第四节　竞技跆拳道的技战术训练

一、竞技跆拳道的技术训练

（一）单个技术训练的模式

单个技术训练模式：空击→步法加空击→打靶→打护具→攻防练习→实战。

（二）影响技术使用的因素

在瞬息万变的比赛场上，只有正确合理地使用技术才能取得比赛的胜利。而技术的合理使用包含着使用技术时的双方距离、使用技术的时机、节奏的控制以及进攻腿法的选择等因素。

1. 距离

跆拳道的实战距离是指在跆拳道实战中，双方运动员之间形成的空间间隔。由于双方运动员在比赛中处于运动状态，所以双方的距离也是运动变化的，静止固定的距离只存在于瞬间。想要在对战中快速判断攻击距离，进而抓住机会发起进攻，需要运动员在平时的训练中练就优良的空间距离感。

（1）距离存在的形式

由于距离的存在是运动的，所以存在形式也是瞬时的。

①远距离：双方相距在一步半左右，哪一方直接出腿都无法攻击到对方。

②中距离：双方相距一步左右，哪一方直接攻击，都有可能打到对方。

③近距离：双方距离在一步以内，需要调整距离来使用技术。

④贴身：双方躯干相靠在一起。在对方注意力不集中，贴靠不紧时攻击对方。

（2）不同距离使用技术的基本思路

①远距离使用技术的要点：在实际的比赛和实战中，在尚未攻击前，运动员的距离一般都是控制在远距离，远距离使用技术，需要对对方的技术特点有一个比较清晰的认识。对方是属于速度型还是力量型，是进攻型还是反击型，针对不同的对手选择主动进攻还是防守反击。

A. 主动进攻的方法：

a. 采用步法调动对方，寻找机会快速接近对方使用进攻技术。

b. 采用假动作吸引并接近对方，再使用技术进攻对方。

c. 在对方欲进攻时，快速直接抢攻对方。

B. 反击的方法：

a. 后撤避开对方进攻后，在对方进攻腿下落的时候快速反击对方。

b. 对方进攻时，使用技术直接迎击对方。

C. 破坏战术：在对对方的技术进攻意图不清楚或者来不及进行防守时，使用推踢或侧踢直接破坏对方的进攻技术。

②中距离使用技术的要点：中距离在实战和比赛中是一个非常危险的距离，因为通过这个距离，双方运动员可以直接进攻对方，且大多数技术都可以在这个距离得到发挥。在这个距离时，运动员只有两个选择：进攻或者步法移动避开。在中距离对抗时使用技术的要点如下：

a. 果断选择快速地连续进攻并结合技术让对方没有反击的机会。

b. 快速的步法接近贴靠对方，阻止对方的进攻。

c. 快速拉开距离，避开对方的进攻。

③近距离使用技术的要点：适用于近距离的技术有下劈腿、后踢、后旋踢、拳法等技术。近距离对于双方来说，和中距离一样是比较危险的距离，在这个距离的选择如下：

a. 快速地抢攻。

b. 快速地贴靠对方。

④贴身时使用技术的要点：当双方贴靠在一起时，如果对方注意力集中且贴靠意识较强时，是没有机会使用技术的。如果对注意力不集中且贴靠意识不强时，可以通过转移身体位置使用内摆下劈或者外摆下劈技术进攻对方。

2. 时机

时机是实战中技术应用的时间性，是打击对方的最佳时间和机会。运动员把握时机的能力越强则水平越高，如何在比赛中发现并抓住稍纵即逝的时机是每名运动员的重要训练课题。

（1）时机存在的生理学原理

①从人体接受刺激到肌肉开始运动有一段时间。人体的所有运动，必须依靠骨骼肌的收缩和舒张来完成。骨骼肌的收缩和舒张由大脑皮质神经中枢发出的指令控制。人体攻防的动作需要经过一个神经传导过程后才能实现。这个神经传导过程是感觉器官（眼、耳）→传入神经→神经运动中枢→传出神经→肢体运动。尽管神经传递速度很快，但也需要一定时间。生理上称之为"人体的反应时"。

②从肌肉开始动作到结束需要一定时间，生理上称之为"运动时"，完成每一个攻防技术都需要一定时间。

③动作的转换需要一定的时间间隔。身体姿势变化和连接，都要依靠神经中枢兴奋与抑制的复杂转换来完成。这种转换需要一定时间，人们称之为"变换时"。

以上三个瞬间是时机赖以生存的理论依据。抓住对方的第一个瞬间进行进攻，会使对方来不及完成应对动作，主动进攻就是利用这个瞬间的存在。进攻对方的第二瞬间可达到避实击虚的效果，闪躲击打、同时击打等，都是利用选手"运动时"的存在。进攻对方的第三个瞬间，可以有效地瓦解对方连击。反击战术的时间差打法就是利用这个瞬间（变换时）的例子。跆拳道比赛中如果抓住了这三个瞬间，就可以巧妙地打击对方，使自己"弹无虚发"，招招奏效。

（2）实战中常见的时机

①主动进攻的时机。

A. 在对方准备发起进攻时抢先进行攻击。这时，对方的思想、意识和全身肌肉的运动方向都在为进攻做准备。相对来讲，这时对方的防守和应变能力比较差。如果在一瞬间抢先攻击对方，会使对方措手不及，达到后发先至的效果。

B. 在对方精力分散时进行攻击。对方精力分散是指对方的思想意识没有全部放在实战上。这样的时间往往非常短，需要选手细心体察，遇到这样的时机，要及时果断进行攻击。

C. 在对方变换动作时进行攻击。当对方变换动作时，攻防能力一般都比较差，可以充分利用这一瞬间攻击对方。在跆拳道赛场上，双方经常要变换站位和动作，在对方变化动作的过程中，抓住时机突然进行攻击，往往容易成功。

D. 引诱、欺骗或假动作起作用时进行攻击。战机常常需要去制造，被动地等待战机出现是消极做法。引诱、欺骗或假动作是制造战机、扰乱对方的良好手段，当这些手段起作用时，就应该毫不犹豫地实施攻击。

②迎击的时机。

A. 在对方动作尚未完成时攻击。

B. 在对方用步法靠近时进攻。

③反击的时机。

A. 闪开对方进攻的同时进行攻击。也就是说同时进行打击，但必须通过步法和身法的移动闪开对方的进攻，同时使自己的技术动作攻击，并非乱打硬拼。

B. 防守的同时进行打击。使用各种格挡的同时进行攻击。

C. 在对方攻击落空时进行打击。使用移动技术让对方的攻击落空，抓住这一瞬间，迅速攻击对方。

④连击的时机。

A. 对方受到打击而失去平衡时攻击。

B. 对方胡乱防守、无章无法时攻击。

C. 对方面对进攻盲目退逃、没有反击能力时攻击。

D. 对方发呆、不知所措时攻击。

3. 节奏的控制

比赛节奏是指在跆拳道比赛中，动作与动作之间，组合动作与组合动作之间的时间间隔，分为动作节奏和攻防节奏。在实战比赛中，谁掌控了节奏谁就取得了比赛的掌控权。所以，如何在比赛中打乱对方习惯的节奏，是需要运动员在平时的训练中加以细心琢磨的。

（1）动作节奏

动作节奏是指实战双方在一个时间段内攻防动作的多少，也就是每一次攻防交锋所完成的动作的多少。动作数量多说明节奏快，动作数量少说明节奏慢。

（2）攻防节奏

攻防节奏是指在跆拳道比赛中双方攻防交锋次数的多少。攻防次数多说明节奏快，攻防次数少说明节奏慢。节奏快的跆拳道比赛激烈刺激、观赏性强；节奏慢的跆拳道比赛，激烈程度不高，观赏性较差。

现代的跆拳道比赛，非常提倡积极主动地进攻，对跆拳道的攻防节奏和动作节奏要求较高。对于攻防节奏慢，以消极的比赛态度进行比赛的运动员，裁判员要给予相应的处罚，从而引导比赛向精彩激烈、富于竞争性和观赏性的方向发展，使比赛更具文化特点和哲学意义。优秀的运动员必须具有很好的实战节奏控制能力。

4. 节奏的控制方法

常用的比赛节奏的控制方法有如下几种：

（1）根据比赛回合控制攻防节奏

在比赛中的第一回合，由于双方运动员互不了解，因此一般情况下都是试探性的进攻。做一些简单的，容易回防的动作试探对方的反应，掌握对方的进攻或者反击的动作规律。为了了解对方的特长技术和习惯性动作，在第一局时，双方一般不会轻易地发动激烈的进攻，节奏相对较慢。第二回合时，由于双方通过第一回合的试探后，对对方有了一定的了解，再经过教练员的指导，运动员会采取一定的技战术打法，确定自己的领先优势，所以比赛会趋于激烈。第三回合时，双方运动员互相之间都有了比较深入的了解，此时双方会更加积极地争取自己的比分优势。到了比赛结束的最后 40 秒左右，落后一方会积极地、更加主动地寻找、创造战机，而领先一方会采取相对保守的打法，减少对抗，保持自己的比分优势，所以这时比赛的节奏会大大加快。在实际的比赛中，运动员应根据自身特点和对方运动员的情况，合理地安排好节奏，控制好每回合不同阶段的节奏，不能太死板。

（2）根据对方特点控制好攻防节奏

在比赛中应该根据对方的特点，选择好适合自己的攻防节奏。如果当对方属于技术性打击型时，一般比赛节奏相对较慢，此时应该加快比赛节奏，加快进攻的频率，打乱对方固有的进攻和反击频率。如果对方属于猛攻型选手时，一般比赛节奏相对较快，此时应该选择进攻后多贴身的战术，阻碍对方打击的连续性，打破对方的进攻节奏；如果对方体力较差时，可以在比赛开始之初就加快比赛节奏，消耗对方的体力，这样即使自己在第一回合比分落后，但是在第二、第三回合，随着自己的体力优势，比分会慢慢地追上去，最终赶超对方。所以运动员应该在比赛时善于观察对方的特点，安排好适合自己的攻防节奏。

（3）根据动作之间的转换间隔控制攻防节奏

因为运动员在动作时会经历由大脑反映到做出动作的过程，所以在连续地攻击或者反击时，应该根据对方的动作特点控制适当节奏。如果过快，可能和对方的动作碰到了一起；如果过慢，攻击的时机已经错失。所以根据对方动作频率的规律，合理地控制攻击和反击的节奏能有效地提高技术使用的成功率。

（4）根据动作数量控制攻防节奏

在跆拳道比赛中，有时用单个动作突击或者抢攻，有时用多个动作连续攻击，让对方找不到自己的动作节奏规律。

5. 攻击路线的空间原理

空间原理是跆拳道运动员技术应用时应该遵守的重要原理。空间原理是指在跆拳道攻防实战中，选择好攻击路线、攻击点和攻击面，提高攻击的有效性。遵守空间原理可以更有效地攻击对方，多得分，少受伤，节省体力。

（1）选择没有阻碍的攻击路线进行攻击

当对方进攻左侧时，则选择攻击对方右侧部位；当对方攻击右侧时，则选择对方左侧部位进行攻击；当对方直线进攻时，则迂回从两侧攻击对方。总之，在攻击路线的选择上应该避开对方的进攻路线，可以有效地提高攻击的成功率，避免相撞受伤。

（2）当进攻路线受阻时，改变路线进行攻击

高低左右的攻击路线搭配能够有效地提高攻击的成功率，当进攻腹部受阻时改攻对方头部；当进攻左侧受阻时改攻右侧，灵活地变化攻击路线。

二、竞技跆拳道的战术训练

跆拳道竞技战术指的是在竞赛场上，运动员结合自己和对手技术特点和现实状态，灵活利用自己的优势，限制对手的优势，以取胜为目的制定的相关计策和采取的相应行动。

跆拳道战术的本质在于，运动员结合赛场上可能出现的各种情况，发挥自己在训练中掌握的技术、创造性思维等，最大限度地利用自身的优势来战胜对手。

战术训练旨在帮助运动员掌握更为科学的战术技巧和策略，培养战术意识，提高运用战术技巧和策略的能力，从而最大限度地发挥个人优势，以满足比赛时对战术的需要的训练。

（一）战术训练及战术意识训练

1.战术训练方法

（1）战例分析

从比赛录像中选择一些反映战术特点的片段，组织运动员观看，也可选择一些战术运用不当而导致失败的战例。通过运动员的体会和教练员的讲解、分析，使运动员对正确的目标战术有清晰的认识。

（2）假设性空击练习

运动员在空击练习中，假想对手的打法和战术，然后有针对性地使用自己的战术来克制对方的方法。

（3）模拟训练

模拟训练是一种有针对性的专业练习，运动员与模仿不同对手技术特点的教练或同伴之间对战，旨在提高运动员适应不同风格对手以及灵活应用战术的能力。当教练或同伴模仿强攻型对手和防守反击型对手时，运动员要适应不同对手的节奏和风格，从而采取不同的战术，进而增强自身适应不同对手的能力和战术运用能力。

（4）比赛场景的实战练习

通过模拟实际比赛场景或增加难度，对运动员进行实战练习，以培养其在战术运用方面的能力。例如，构建临近比赛结束但己方比分落后的比赛场景，使运动员掌握对应的战术打法。

2.战术意识的训练方法

战术意识体现了运动员心理活动在战术行动上的反映，是运动员在比赛中有效地运用技术和实现战术时所具有的经验、才能和智慧的体现。战术意识表现在运动员能够在比赛时对赛场形势进行积极准确的观察和判断，迅速作出反应，并采取相应的行动来达到赢得比赛的目的。立足心理学层面，战术意识属于一种战术思维能力的反映。换句话说，战术意识是一种心理活动在战术上的体现。

（1）假设性训练

跆拳道运动员需要集中精神，通过设想实战场景以及对手采取的各种打法来构想应对之策，运用相生相克的手法破解对手的攻势。

（2）"递招喂手"训练

由教练或同伴配合，使用特定的战术或者技术，运动员重复练习对应的某种战术打法。在训练迂回战术时，教练或同伴采取直线动作喂招，运动员反复练习左右闪躲并反击；开展训练反击战术时，教练或同伴可以采取主攻抢打的打法，运动员练习反击。教练员还可以在练习过程中寻找练习者的漏洞和弱点，抓住机会喂招，对其进行指导和纠正，让其不断进步。

（3）模拟训练

进行模拟训练是为了提高战术适应能力和运用能力。这种训练可以由教练员或同伴模拟不同对手的战术打法，是一种针对性的训练。例如，模拟攻击性强的对手、模拟保守型的对手、模拟以力量为主要优势的对手、模拟擅长拳法或腿法技巧的对手、模拟赛场的种种形势。为了提高练习者的适应能力和战术运用的能力，模拟者的动作要与真实对战接近。

（4）交手比试

交手比试虽然有一定的竞赛成分，但目的不是战胜对手，而是锻炼和培养运动员运用战术的意识和能力。在训练过程中，要结合训练目的和内容设定一些规则和要求。

（5）实战比赛

在竞赛规则的限制下，模拟真实比赛的情境，训练运动员在战术运用方面的能力，使其适应真实比赛环境，积累比赛经验。根据现实比赛的难度和实战需要，可以安排有特定条件的比赛，以提高运动员的技能水平。

（6）从心理学角度来训练战术意识

运动员在实战前或者赛前，往往会心跳加快、呼吸加快、血液循环加速、皮肤变热，全身感觉充满力量，这是常见的临场状态。经验丰富的运动员在这种状态下上场，能在比赛中发挥出较高的能力。然而，缺乏实际战术经验的运动员很容易过度紧张，赛前和比赛中感觉压力过大，且无法维持正常的饮食和睡眠习惯，严重影响其技战术水平的发挥。因此，在制定战术时，必须充分考虑到运动员的心理状况。

3.战术意识的分类

（1）攻防意识

跆拳道的进攻、反攻与防守三者之间是相辅相成、不可分割的。从宏观角度分析，跆拳道攻防意识包括战术意识、步法移动意识、进攻意识、反击意识、防守意识、技术变化意识、得分意识等。从微观角度来讲，攻防意识是指在比赛或者实战中，通过感知形成概念，进行判断、推理，通过快速地思考，合理地根据对方的技术动作，选择自身的技战术，而不只是单一的技术，不仅要在头脑中谋划如何攻击对手，还必须具有防守、反击的意识，做到攻中有防，防中有攻。这是一个优秀的跆拳道选手最基本的能力。由于身体条件不同，体现在技术动作上也有所不同，所以必须正确理解攻防概念，才能逐步正确掌握并应用攻防技术，形成自己的技术特长。

（2）进攻战术意识

进攻战术意识是采取以身体重心前移而攻击对手的竞技方法，并在比赛环境下，及时准确地观察、判断场上情况，随机应变，决定自己行动的思维活动。可分为抢点进攻（重心前移一步）和追击进攻（重心移两步以上）。抢点进攻动作隐蔽速度快，能给对手以突然打击，使其猝不及防而失分。抢点动作对使用晃动欺骗战术的对手效果较好，对打迎击战术的对手也有一定的威胁效果。追击进攻的特点是当对手用撤步反击克我方进攻时，我方用快速连环的上步动作把对手的撤步反击距离封掉并给予打击，其效果依然如同抢点进攻——抢得先机。

（3）迎击战术意识

迎击战术意识指的是在跆拳道实战中，形成以身体重心没有多大变化的克敌战术方法的思维活动。根据迎击发力后躲避对手二次攻击的目的，重心向前或后的移动可分为迎击阻挡类和迎击后撤类。迎击阻挡战术的特点是在实战中身体重心没有多大变化的克敌战术方法。因对手的追击意在最后一点的攻击得分，而攻击前的第一攻击动作都处于无意识的无力反应中，我方趁对手重心前移，送给我方攻击距离时，主动抢攻得分。我方抢分后重心前移以阻止对手对我方的第二次攻击，有保护作用。而迎击后撤战术的特点是针对重心移动不迅速的抢点进行攻击，在判断对手发起攻击后，我方迅速做出相应的迎击动作进行反击。迎击后应尽量与对手拉开距离，并做好实战准备，应对对手可能的第二次攻击。这种战术是靠我方主攻击发力于对手身体后的主动撤离，即借力用力。

（4）撤步反击战术意识

撤步反击战术意识指的是形成以身体重心后移躲避对手攻击后进行的反击战术的思维活动。反击战术主要应用于对抢点攻击打法的制约，对连续组合攻击也有一定的威胁效果，有效的迎击和反击都能给对手的进攻士气造成打击，有利于我方战术意图的实施。撤步反击战术，可以加强对对手连续进攻的应对能力此法具有较好的实战价值。

（5）佯攻战术意识

佯攻战术意识是形成以灵活的晃动和战术欺骗组合的战术打法的思维活动。在跆拳道比赛中，晃动和欺骗有着积极的战术作用。首先，迷惑对手，让对手摸不清我方的规律；其次，有调动对手战术的思想作用。迎击需快速及时出击方能达到制敌目的。所以虚假的晃动能让迎击者出现错误信号发动攻击而露出破绽，有利于我方的快速攻击制胜。

（6）发声战术意识

从心理学的角度来讲，发声可以调节自身的心态，提高自身的注意力，增加运动员的自信心。有经验的运动员在情绪不稳定的时候，往往会通过发声来调节自己的情绪，缓解紧张的心理。合理地配合发声，分配体力，从而控制比赛的节奏。

（二）战术训练的要求

第一，在训练中注重培养运动员的战术意识，加强专业理论知识的学习和研究。战术意识是指运动员在比赛中，为达到战术目的而决定自己战术行为的思维活动过程。战术意识强的运动员能在复杂多变、紧张激烈的跆拳道比赛中，及时准确地观察对方的情况，预测和判断对方的行动，随机应变、及时迅速地制定和实施自己的行动方案。战术意识水平的高低是衡量一个跆拳道运动员成熟与否的重要标志。

第二，在掌握多种战术的基础上，重点掌握几种战术并进行强化，与运动员的自身特点和技术特长结合起来。在训练中，要在全面学习各种战术方法的基础上，重点掌握几种适合自己的战术方法，加以强化训练，并在各种复杂比赛条件下运用。积累经验，才能在比赛中有的放矢。

第三，从实战出发，提高战术训练的质量。在训练中，不但要让运动员了解更多的战术知识和战术行动方法，还要注重提高战术训练的质量。在瞬息万变、激烈复杂的赛场上，没有高质量的战术训练，运动员根本无法适应真正的赛场。所以在平时的训练中，教练员应该从实战出发，把控好战术训练的质量关。

第四，与其他训练内容紧密结合。战术是在运动员的身体、技术、心理、智能等训练基础上建立起来的，没有这些基础，战术也只能是纸上谈兵。无论是什么训练内容，都要强调运动员的战术意识，把战术训练贯穿到每一个训练环节中。任何单一的技术动作都应该成为有目的的战术行动。

（三）战术训练的种类

按照跆拳道战术的表现形式，可将常用的跆拳道战术分为以下几种：

1. 直接进攻战术

直接进攻战术是指在充分了解对方技术、战术、素质、心理等特点的基础上，选择适当的时机和技术直接攻击对方。使用这种战术主要采用主动创造使用技术的条件，在处于被动地位时，控制节奏，创造条件，等待时机，一旦机会来临，再施以进攻。这种技术要求自己的动作速度快，要能及时抓住战机，在使用优势技术的前后形成一整套方法来应对对手的防守和反攻。直接进攻是有计划、有准备的战术行动，并不是不顾一切地死拼乱打，练习者在发现或者制造出使用直接进攻的条件时才能使用。一般出现以下情况时，是运用这种战术的较好时机：

一是当对方的体力不足时。

二是对方精力分散时。

三是当对方速度没有自己快时。

四是当对方的防守姿势出现较大漏洞时。

五是当与对方间隔中近距离，可以实施进攻动作时。

六是当对方的攻防动作不够熟练时。

2. 压迫式强攻战术

压迫型强攻也称猛攻，是一种先发制人的主动进攻，是进攻有准备的战术行动，即在比赛开始后就猛烈进攻，趁对手出其不意、攻其不备，连续使用技术，借以扰乱和破坏对方的心理平衡、战术准备和距离感，使对手忙于防守，疲于招架，消耗其大量体力，以便在短时间内取得绝对胜利或掌握场上主动权。这种战术的优点是直接掌握主动权，迫使对方只能招架，没有反攻的机会。进攻者使用此种战术一般是在了解对手的情况下，或比赛刚开始接触时就大致判断对手技术、体力、经验等方面都不占优势，并且自己有获胜的把握，于是立即采用压迫式猛攻，以便在短时间内取得胜利；若对手技战术较好，而体力较差，一开始就猛攻，不让他有休息及调整的机会，就会使对手一直处于被动；若对手经验不足，压迫式的进攻就会使其得不到镇静和思考的时间，而处于被动。使用这种战术的缺点是自己体力消耗也较快，容易露出破绽，给对手以可乘之机；若对手经验比较丰富，则自己容易被对手反攻，或者对手用以逸待劳的战术克制自己。

一般出现以下情况时，是运用压迫式强攻战术的较好时机：

第一，力量、速度、耐力素质比较好，但是技术不如对方时。

第二，身体素质好，技术比较全面，但比赛经验不如对方时。

第三，对方的近战能力比较差时。

第四，对方耐力比较差时。

第五，对方心理素质比较差时。

3. 引诱攻击战术

引诱攻击战术是指在跆拳道实战比赛中，运用虚假动作，诱使对方产生错觉，在对方判断不准或犹豫不决时，进行真正的进攻。随着运动员技术水平的普遍提高，特别是当对手动作反应快、防守能力强时，直接进攻很容易被防守反击。经验比较丰富的选手常常采用左右、前后、上下虚晃的动作及指上打下、指下打上、指左打右等假动作。为了让对手"上当"，也可以有意地露出破绽，给对方进攻的机会，待他失去平衡时再发动进攻。目的在于转移、分散对方的注意力，促使对方对自己的虚假动作产生某种反应，而改变正确的防守姿势，然后加以利用。

一般来说，当对手体力好，但技术不太全面，方法变化少，战术不灵活时，则可以使用引诱攻击战术。在使用引诱攻击战术时，自己的动作要比对手快，否则不易成功。例如，对手不善于用右横踢，自己则应故意露出破绽，诱使对手使用右横踢，然后借机使用右下劈腿动作迎击。

4. 反击战术

面对对方的进攻时，使用迂回战术躲开对方的进攻，既可以避其锋芒，又可以制造战机，适时进行反攻。

（1）反击形式

①防守后进行反击。先防守对方的攻击，再反击对方，在反击时要注意反击的时机，不能太早，也不能太晚，应该在对方旧力已过、新力未发之际进行反击。如果对方习惯两次进攻，应该在让开对方第二次进攻后进行反击。

②防守的同时进行反击。边防守边反击，防守和反击同时完成。此种反击要掌握好反击的点、线、面，反击要果断、坚决。

③迎击。对方刚要做动作还没有做出时，迅速攻击以达到反击的目的。

（2）反击时机

①应对动作移动大，发起动作慢的对手时。

②应对动作不连贯的选手时。

③应对进攻后防守意识差的选手时。

④应对不擅长攻防转换的选手时。

⑤与主动进攻相结合，掩盖自己的反击意图时。

⑥当对方进攻速度较慢时。

⑦当对方性情急躁、缺乏比赛经验时。

5. 克制战术

克制战术就是指限制对方的长处、发挥自己的长处、攻击对方弱点的技战术。一般来说，每一个运动员都有自己擅长使用的技术，在比赛中运动员要能发现对方擅长使用的方法，然后及时调整自己的战术，采用相应的方法，制服对方的技术专长，使其不能正常发挥水平。采用这种战术的方法有如下几种：

（1）应对善于打贴身战或个子较矮的选手

应对善于打贴身战或个子较矮的选手应该采用灵活的步法，和对手保持在远距离范围，并多用前腿动作将对方阻止在外围，进攻后迅速拉开距离或快速贴靠对方，不给对方机会攻击。

（2）应对善于打远距离的或者个子较高的对手

应对高个子选手的关键是想办法在中近距离向对方展开进攻，尽量避免在远距离和对方对抗。

①使用步法调动对方，当对方注意力分散或者进攻落空时，快速接近对手连续攻击，攻击结束后迅速贴靠对方。

②在防守的状态下，用步法逼近对方，不管对方进攻与否，只要达到进攻距离便连续猛攻对方。

③加快进攻节奏，消耗对方体力，待对方体力不支、移动速度减慢时，抓住机会战胜对方。

④利用假动作诱使对方上当，然后迅速接近并攻击对方。

（3）应对擅长主动进攻的对手

①防守反击。可采用寻找对方进攻中的漏洞进行反击的战术。

②自己先进攻，迫使对方防守的战术。

（4）对付擅长防守反击的对手

①用假动作引诱出对方的习惯性反击动作，抓住机会快速反击。

②改变自己的习惯性进攻技术，虚实结合，让对方抓不到自己的进攻方法。

③步法调动，获得机会迅速抢攻后，立即贴靠对方防守。

（5）应对擅长使用某种技术的对手

如对手擅长使用后腿横踢击头或擅长劈腿、后旋踢等，则在比赛中采用相对的克制技术，使对方擅长的技术发挥不出来。

（6）集中打击对方短处的战术

几乎每个运动员都有自己的弱点和短处，有的防守能力差、有的不能很好地防守后旋踢、有的耐力差等。可以通过赛前分析对手以往比赛的录像进行观察，更重要的是在自己与对手比赛中进行观察，通过第一局的多次试探性进攻，对对手的弱点迅速作出判断，及时调整自己的战术手段，集中精力专门攻击对手的弱点，同时自己也要不断地变换方法，以免对方察觉自己的战术意图后故意引诱自己进攻。

（7）边角进攻和边角防守战术

边角进攻和边角防守战术利用跆拳道竞赛规则的要求，采用方法获得利益的比赛策略。

①利用主动进攻，有目的地将对方逼迫到边线，造成对方的心理恐慌和担心被罚而导致动作失调，然后把握机会采取连击、长距离进攻、迎击的方法逼迫对方出界。

②如果自己被对方逼迫到边角时，就抓住时机抢攻；或在对方进攻时，贴靠防守后转动出不利位置；或在对方进攻时，侧向移动转换到内场位置。

（8）体力战术

体力战术是通过合理分配体力以取得比赛胜利的战术方法。一场跆拳道比赛共3局，每局3分钟，对运动员的体力消耗较大。采用体力战术，需要合理地分配体力，每一局用多少体力要根据对手的情况来定。如果对手技术较弱，可以保持体力以技术取胜；如果对手技术较好，可以采用消耗对手体力的打法取胜；如果双方实力相当，还应有打持久的准备；如果知道对手的耐力较差，应打体力消耗战，连续进攻，不给对手喘息的机会，迫使对手体力迅速下降，以此取胜。

各种战术是相互克制、互相矛盾的，就像每种进攻都有反攻方法一样。由于跆拳道比赛是双人对抗项目，其比赛情况复杂、变化多端，对手多种多样，运动员应根据比赛中随时变化的情况，灵活机动地运用一种或综合的多种技战术，从而达到预期的比赛目标。

三、竞技跆拳道技、战术发展趋势分析

（一）技击的精度与力度高要求化

2008 年，北京奥运会结束以后，世界跆拳道联盟本着公平竞争的精神，以提高比赛对抗性、观赏性为出发点，对采用电子护具的跆拳道竞技规则作了相应修改。跆拳道规则规定，使用允许的技术，准确、有力地击中得分部位时才能得分。使用电子护具后，由电子护具中的电子感应器测量击打力度，根据体重级别、性别差异设定不同的力度标准。换言之，运动员必须以大于或等于电子护具预先设定的力量值的力量击中允许被攻击的目标范围之内，才能得分。反之，力量不够或者击中有效范围不够准确，将无法得分。毫无疑问，电子护具的应用，对运动员技击的准确性和力度都提出了更高的要求。"电子护具时代"，竞技跆拳道技战术将向技击精度与力度高要求化方向进一步发展。

（二）高难度技术与高位技术进攻多元化

在应用电子护具后，规则中对分值有了新规定：击中躯干计 1 分；旋转踢技术击中躯干计 2 分；击中头部计 3 分，主裁判员读秒不追加分；一方运动员每被判 2 次"警告"或 1 次"扣分"，另一方运动员得 1 分。这些规定都是世界跆拳道联盟为了增强比赛观赏性，而采用的鼓励运动员使用高难度技术和高位技术的举措。[①]

在应用电子护具后，运动员比赛中技术使用次数提升，旋风踢、后旋等转身性技术使用次数增加，下劈、高位技术等使用率有所提升，一定程度上加强了观

① 方伟. 跆拳道技战术发展趋势研究 [D]. 北京：北京体育大学，2011.

赏性、对抗性。"电子护具时代"竞技跆拳道势必朝着高难度技术与高位技术进攻多元化的方向发展。

（三）技术融入战术，"攻防反"技战术一体化

技战术一体化是指在技术运用的过程中与战术目的、对方技战术特征、行为特征及反应方式、机会创造与把握相结合的一种技战术意识。高水平运动员技战术的使用，很大程度上会根据比赛时的形势变化和走向、自身的能力运用情况、对方的技战术发挥情形与特征以及裁判执裁尺度等，采取合理的应对和发挥，以达到战胜对手的目的。

高水平运动员其技术高超的应变能力，还突出表现在自我技术的选用过程中。当出现技术、时间、距离等对方"应对反应"出现偏失时，运动员可以及时地从某一技术动作转化为另一技术动作，从而表现出高水平运动员在激烈对抗比赛条件下优秀的时空感和技术变化能力强的特质。

第五节 竞技跆拳道赛前训练和训练疲劳

一、竞技跆拳道赛前训练

跆拳道运动员的赛前训练是指参加重大比赛之前的训练安排。赛前训练如何将运动员的智能、技能、体能、心能调整到适宜比赛的最佳状态，对运动员在比赛中表现出最佳技术状态、取得比赛最佳成绩的训练目的具有十分重要的作用。如果平时训练中运动员的技术水平很高，竞技能力很强，但是由于赛前训练处置不当，致使运动员在比赛中不能充分发挥应有的竞技能力，就很难取得比赛应有的成绩，这是最令教练员和运动员感到沮丧的事情，因此教练员一定要重视赛前训练的重要性。

（一）赛前训练的目的

跆拳道运动员赛前训练的目的是将运动员的身体机能、技战术准备、心理状态等与比赛直接相关的因素，调整到最佳的竞技状态。最佳竞技状态是指运动员通过长期、艰苦的训练，本身已经获得或具有的智能、技能、体能、心

能的水平，在赛前需要恢复或超量恢复到最高峰值上，为参加比赛做好充分的准备。

（二）赛前训练的任务

1. 利于消除训练疲劳

运动员只要训练就会产生疲劳，只不过由于承受运动负荷的不同，产生疲劳深浅的程度不同。疲劳积累深浅的程度不同，消除疲劳所需要的时间过程也不同。运动员处于疲劳状态时，不论疲劳积累的深浅都会在不同程度上影响机体做功的效果。因此，赛前训练的主要任务是在保持训练的前提下，既逐渐减少深度疲劳，又使新的疲劳完全消除的时间过程缩短到最低。

2. 利于技能操作熟练

赛前训练主要目的是培养运动员运用技法和战术操作，使之达到娴熟、灵敏、良好的感觉。对跆拳道的主要技法的运用，在平时训练的基础上，进一步加深记忆，加强熟练操作的程度。特别是对在技法运用的时间、空间变化上，使相生相克运用技法的动作条件反射能力达到灵活自如。

3. 利于速度力量发挥

速度力量的发挥主要依赖神经系统的兴奋性和肌肉做功收缩的弹性。因此，赛前训练要逐步降低运动负荷，主要强调和练习发出动作反应速度、运行速度、动作力量的刺激强度，肌肉从放松到紧张快速收缩的强度，使运动员的神经系统、肌肉系统进入能够充分发挥反应速度、动作速度、动作力量的最佳状态。

4. 利于提高比赛信心

赛前训练需要加强对运动员比赛责任感、荣誉感的启发，帮助他们树立创造优异成绩的信心。进行心理的疏导与调节，消除心理疲劳的症状。使运动员既有渴望参加比赛、取得胜利的信心，又有保持比赛所需要的淡定情绪，并且保证赛前深度的睡眠和充分的休息。

（三）赛前训练的安排

1. 赛前训练的时间安排

赛前训练时间的长短，主要依据赛前训练的运动负荷和运动员疲劳积累的程度来定。一般情况下，赛前训练的时间安排在三周左右。如果运动员在进入赛前训练之前，运动负荷的总量较大，训练疲劳积累的程度较深，赛前训练的时间就可以提前 3～5 天。反之，赛前训练的时间可以缩短 3～5 天。

2. 赛前训练的内容安排

智能训练以战术训练为主，对常用的战术形式进行模拟，包括多点战术、佯攻战术、制长战术、制短战术、边角战术等。模拟的目的是为运动员参加比赛进行战术上的准备，培养运动员使用战术的意识，熟练掌握战术的方法。

技能训练以提高运动员相生相克使用技法的动作条件反射能力为主。采用两人互相使用技法的空击练习形式，通过击反应靶、击动态靶、击护具靶的练习形式，模拟主动进攻、防守反击，加强使用技法的记忆痕迹和操作的熟练程度。

赛前训练的显著特征是逐渐地降低训练的负荷。停止安排大强度的、负重型的身体训练。身体训练以专项动作的无氧训练和有氧无氧混合供能的训练为主。

心能训练除了专门的动员会、准备会，结合训练的情况，采用各种手段对运动员的心理进行调节。一方面是为了消除运动员平时训练存在心理疲劳，另一方面是为了使运动员积极进入到临战的最佳心理准备状态。

（四）赛前训练应注意的问题

1. 伤病恢复与防止受伤

人体格斗类运动项目，运动员平时训练很难避免受伤。在赛前训练期间，对于有伤病的参赛运动员，一定要抓紧治疗，使身体恢复到正常状态。另外，赛前训练为了避免出现新的伤病，应该尽量减少实战练习，如果确有需要进行实战训练，必须加强安全保证措施，如采用护具及各种保护器材。

2. 加强管理与注意安全

比赛前要加强运动员的管理，对于作息时间、休息方式、严格控制外出等都要做出具体的规定，尤其对外出饮食等现象要严加管束。其目的一方面是保证运动员得到充分的休息，另一方面是保证运动员身体安全、饮食安全，避免出现交通事故、误食兴奋剂等意外发生。

3. 进入赛区后的训练问题

运动员到赛区报到后，在没有比赛任务的期间，要保证良好的休息。除了适应场地做一般性的训练，不要做剧烈的运动。运动员在赛区时的兴奋点比平时高，完成一个同样的动作，所做动作的强度与体能的消耗要比平时高出很多倍，由于即将投入比赛没有消除疲劳的所需时间，因此，不要出现高强度的体能消耗。

二、竞技跆拳道训练疲劳

（一）训练疲劳的原理

1. 训练疲劳的定义

训练疲劳是指运动员在训练过程中承担的由运动负荷引起身体机能下降的现象。在第五届国际运动生化学术会议上，将疲劳定义为"机体生理过程不能持续其机能在特定水平上或不能维持预定的运动强度"[①]。这个定义的特点是把人体运动性疲劳，体内组织、器官的机能水平和运动能力两个方面结合起来评定疲劳的发生和疲劳的程度，有助于选择客观的指标来评定疲劳。

2. 训练疲劳的机制

世界上关于疲劳的研究有近百年的历史。关于运动员训练疲劳产生机制的理论，最具代表性的有"衰竭"学说，它认为疲劳产生的原因是能量物质的耗竭。还有"堵塞"学说，它认为疲劳的产生是由于代谢产物在器官、组织中的堆积。以及"内环境稳定性失调"学说，认为疲劳是由于血液 pH 值下降，水盐代谢紊乱和血浆渗透压改变等因素引起的结果。另外，"保护性抑制"学说认为无论是体力还是脑力疲劳，都是由于大脑皮质产生了保护性抑制。训练疲劳可以分为躯体疲劳和心理疲劳，躯体疲劳主要表现为运动能力下降，心理疲劳主要表现为行为的改变。总而言之，训练疲劳的发生和发展不是单一因素造成的，而是机体多因素综合性发生变化的结果。[②]

3. 训练疲劳的影响因素

（1）训练疲劳与身体机能有关

不同的运动员具有不同的身体机能和身体素质，如果采用同样的训练内容和训练方法，运动员承受同样的训练负荷，身体机能和身体素质较差的运动员，训练疲劳积累的程度高。相反，身体机能和身体素质较好的运动员，训练疲劳积累

---

① 余谦，李明富，宋开源. 中医药抗体力性疲劳的整体思辨与应用前景 [J]. 中国运动医学杂志，2001，20（1）：2.

② 翟磊. 现代散打技法解析与训练研究 [M]. 北京：中国书籍出版社，2019.

的程度低。特别是经过长期、系统大运动量训练的运动员，很难达到极限疲劳的程度。

（2）训练疲劳与运动负荷有关

运动员训练疲劳的产生和训练疲劳积累的深度，受训练负荷的影响。训练负荷的大小与运动强度、持续时间、间歇时间三个方面的因素有关。运动强度越大，持续的时间越长，间歇的时间越短，运动员的训练负荷越大。训练负荷越大，运动员产生疲劳的速度越快，连续大负荷的训练疲劳积累的程度越深。

（3）训练疲劳与付出能量的程度有关

训练疲劳与运动员本人在训练过程中付出能量的大小有关。运动员练习同样的训练内容，承受同样的训练负荷，能够保质保量竭尽全力训练的运动员，训练疲劳积累的程度高，反之亦然。训练疲劳是训练效果的重要保证，特别是运动员力量、速度、耐力的发展，完全依赖大强度的运动负荷所产生的训练疲劳。

（4）训练疲劳与机体工作方式有关

教练员采用同样的训练内容和训练方法，运动员承受同样的训练负荷，训练疲劳的积累与运动员本人肌体的工作方式有关。完成同样的动作，如果运动员肌肉僵硬，主动肌、协同肌、对抗肌都进行做功，该放松时不能放松，呼吸形式不能很好地进行气体交换，不但容易产生疲劳而且不利于竞技能力的发展。

（5）训练疲劳与营养摄入有关

训练疲劳产生与积累的主要影响因素，除了训练负荷，还与运动员摄入的营养因素有关。通过长期、系统训练的优秀运动员，训练疲劳的产生非一日之功。在此期间，如果运动员摄入的能量物质营养丰富，能及时地进行补充代谢，不但能继续承受更大负荷的训练，而且能延缓训练疲劳和过度疲劳的出现。

（6）训练疲劳与消除手段有关

训练负荷能使运动员产生疲劳，训练过后的放松手段能使运动员的训练疲劳得到一定程度的消除。疲劳消除的目的是使运动员的肌体在下一次训练中能更好地承受更大的运动负荷并保证训练的质量。由于放松手段消除疲劳的效果是在机体的内部发生作用，往往容易被运动员忽视。

（7）训练疲劳与生活习惯有关

运动员应该保持乐观、开朗、积极、向上的情绪，因为，训练疲劳与心理因素有关。良好的精神状态能调节训练疲劳朝好的方向转化。运动员的生活习惯应该保持充分的休息时间。运动员的生活规律就是对饮食、训练、休息三要素进行合理安排。

（二）训练疲劳的作用

训练负荷是训练内容、训练方法、训练运动量的客观反映，训练疲劳是运动负荷、训练效果在人体机能上的客观反映。任何运动项目运动员技术水平、运动成绩的提高，都与人体机能做功规律、运动项目活动规律、竞技能力训练规律有关。从人体机能做功、人体机能改善的角度，没有运动员的适度疲劳就没有运动员的科学训练，训练疲劳是提高机体做功能力的重要途径。

（三）过度疲劳

训练疲劳对于发展人体机能有十分重要的作用。但是运动员训练的过度疲劳，不但会影响竞技能力的提高，还会影响人体的身心健康。运动员的训练不能不疲劳，又不能过度疲劳，如何恰到好处？这是科学训练中十分重要的问题。

1.过度疲劳的界定

过度疲劳是指运动员长期不间断地进行极限运动负荷的训练，而疲劳又得不到及时有效的消除。训练疲劳的积累使运动员生理机能和心理机能的下降达到了病灶的程度，导致竞技能力严重下降。通过这个定义可以得知，运动员的过度疲劳不是短期形成的，而是在一定期限内持续地进行极限负荷的大运动量训练。训练疲劳不断的积累，不但使运动员生理机能和心理机能发生了病变，而且使竞技能力的下降超出了训练疲劳的正常范围，在短期内不容易消除。

过度疲劳的形成与运动员的体质和意志有关。运动员承受同样的运动负荷，体质较好的不会出现过度疲劳，体质较差的会出现过度疲劳。意志较弱的会出现"保护性抑制"，不至于过度疲劳，意志较强的会突破"保护性抑制"的防线而形成过度疲劳。但是过度疲劳形成的主要原因还是与教练员安排训练负荷的节奏有关。虽然不可否认大运动量训练是提高运动员竞技能力的一个基本规律，但是大运动量是对运动负荷的总量而言的，而不是对每一次训练课而言的。在训练安排上必须注意小、中、大负荷相互穿插的节奏。

2. 训练疲劳的测定与监控

训练疲劳和训练过度疲劳可以通过运动员竞技能力的表现进行观察，可以通过运动员的自我感觉来体会，但主观臆断不但有可能被假象所迷惑，而且对训练疲劳和过度疲劳之间的界限很难准确地把握。随着科学的进步，训练疲劳的程度可以通过生理、生化的某些指标进行测试。因此，运动员生理、生化指标的测试与监控，逐步成为体育运动科学训练的重要手段和依据。

（1）生理指标测定与监控

①肌力测定：建立运动员肌力基础数据，测定训练后的肌肉力量，可以判断运动员的疲劳程度。

②肌围测定：跆拳道运动员四肢肌肉群的训练量很大，训练后，上、下肢肌群围度的增加与疲劳的程度成正比。

③肌硬度测定：采用肌肉硬度计测定肌肉收缩及放松状态的硬度，可以判断运动员疲劳的程度。

④心率测定：测定运动员训练后的心率，如果在需要的时间范围内，恢复不到原来的水平，就可以判断运动员的疲劳程度。

（2）生化指标测定与监控

①血乳酸测定：采用血乳酸自动分析仪测定血乳酸的阈值，可以判断运动员的疲劳程度。

②血红蛋白测定：采用血红蛋白仪进行测定，通过阈值可以判断疲劳的程度。

③血尿素氮测定：采用自动生化分析仪，对运动员的血尿素氮进行测定。血尿素氮含量的阈值可以判定疲劳的程度。

④血睾酮测定：采用放射免疫计数仪测定血睾酮的值，比值大于原值30%是过度疲劳的警戒值。

⑤皮质醇测定：采用全血干式生化分析仪测定皮质醇的阈值，可以判定疲劳的程度。

⑥肌酸激酶测定：采用自动生化分析仪测定肌酸激酶的值，可以判定训练疲劳的程度。

⑦尿蛋白测定：采用自动生化分析仪对尿蛋白进行测定，尿蛋白含量超过正常值可以判定疲劳的程度。

（四）训练疲劳的消除

1.训练疲劳消除的意义

关于运动训练能够提高运动员竞技能力的原理，有两种学说，一种是"机能超量恢复"说，还有一种是"机能适应"说。[①]"机能超量恢复"是指训练产生疲劳以后，疲劳的消除机能不但能够恢复，而且能够超过原来的水平。"机能适应"是指训练疲劳产生了机能的不适应，疲劳消除以后出现了新的适应，不断地从不适应到适应，以此来提高机能的水平。

不管是哪一种学说，都没有离开训练疲劳和疲劳消除这两个基本的要素。因此，可以得出这样一个结论：没有运动员训练的适度疲劳和训练后的疲劳消除就没有运动员的科学训练。训练疲劳和疲劳消除对于提高运动员的竞技能力是一把双刃剑，必须引起教练员、运动员的高度重视。

2.训练疲劳消除的方法

（1）拉伸法

采用各种牵拉的手段，对身体各部位的关节、肌肉进行拉伸，使训练造成的肌纤维紧缩变得松弛，便于血液循环。

（2）调息法

采用缓慢、深长的方法，反复地进行深呼吸，便于呼吸系统的气体交换、吐故纳新。

（3）按摩法

采用捏、揉、搓、按等手法，放松肌肉疲劳的重点部位，既能使肌肉松弛，也能加快血液循环。

（4）震动法

采用能够边震动、边摇摆的专门放松器材，对身体的各个部位进行整理放松。

（5）悬垂法

双手抓住类似单杠的物体，使双脚离地悬垂进行左右摆动，可以起到放松、拉伸肌肉的作用。

（6）倒立法

双手支撑身体，两脚靠在物体上，形成倒立的姿势，能够加快身体的血液循环。

---

① 翟磊.现代散打技法解析与训练研究[M].北京：中国书籍出版社，2019.

（7）吸氧法

利用高压氧舱，在 2～2.5 个标准大气压下吸入高压氧，可使血氧含量增加，二氧化碳浓度下降。

（8）热浴法

采用在热水池中浸泡、蒸桑拿等手段，可以促进全身血液循环，加速新陈代谢。

第六节　竞技跆拳道运动员心理训练与智能训练

一、心理训练

跆拳道运动对抗性强的特点决定了跆拳道运动员在激烈的比赛中除了要运用技战术以及具备良好的体能素质，还必须拥有良好的心理素质才能适应竞技比赛的要求。心理训练已成为提高训练水平和在比赛过程中取得优异成绩的突破口。心理训练是对运动员在心理方面有目的地进行定向训练的过程。心理能力是提高身体能力和技术战术能力的保证。在高水平的比赛中，当运动员身体能力和技术战术能力的差距日益缩小时，发挥心理能力的作用显得愈加重要。

（一）心理训练的内容

心理训练按训练阶段分为一般心理训练、赛前心理训练、赛中心理训练、赛后心理调节。

1. 一般心理训练

一般心理训练是指在日常的跆拳道训练中培养和发展运动员所必备的基本心理品质和心理能力的训练过程。运动训练的全过程都可以进行安排。一般心理训练主要包括培养运动员从事跆拳道专项所需的兴趣、能力、气质、性格等个性心理特征，发展感知觉、运动表象、形象思维、想象力以及情感和意志品质等心理过程，培养注意品质，包括注意的稳定、注意的集中、注意的转移和注意的分配等。

2. 赛前心理训练

赛前心理训练是指在赛前一段时期内，针对比赛使运动员掌握自我调节心理状态的方法，以利于最大限度地营造比赛氛围，做好参赛心理准备的一般过程。内容包括明确比赛任务、激发比赛斗志，使运动员避免受到不良比赛的情绪影响，保持稳定的心理状态，建立取得比赛胜利的信心等。

3. 赛中心理训练

在每场比赛前、局间休息或轮次之间的间歇期，对运动员进行心理训练或调节的方法，就是赛中心理训练。为运动员积累和分析比赛过程中出现的新情况、新问题提供帮助，同时，对新的比赛行动对策与计划进行及时的修订，采取必要的措施进行心理调节与暗示，从而使积极稳定的心理状态得到有效的维持，这些都是赛中心理训练的主要任务所在。需要强调的是，在比赛中，局间休息的一分钟是非常重要的，在这一分钟的时间里，教练员一定要将之前的比赛情况及相关信息及时反馈给运动员，并且有针对性地进行指导，从而使运动员树立必胜的信心，激发起斗志，进而取得理想的成绩。

4. 赛后心理调节

在比赛结束后，运动员的身心会产生极度的疲惫。因此，进行适当的赛后调节也是心理训练的重要内容。赛后进行心理调节的内容一般体现在两方面：一方面，对比赛失利的运动员要多进行正面的鼓励，消除比赛失利造成的消极情绪，激发运动员拼搏进取的精神；另一方面，对取得胜利的运动员在充分肯定的同时，总结经验、消除其骄傲自满的情绪，使其积极地投入新的训练中，争取更高的目标。

（二）一般心理训练的方法

1. 模拟训练法

模拟训练是用接近比赛的实际情况进行实战练习，以提高运动员对比赛适应能力的心理训练方法。模拟训练可预防运动员赛前不良心理状态的发生，提高心理稳定性和应变能力。

接近比赛的实际情况主要是指适应比赛的环境，包括适应裁判、对手、观众、场地、灯光、比赛时间等方面。在平时训练中，运动员对自己的训练条件非常适应，一旦参加比赛，许多因素都会给运动员造成心理影响，模拟的目的就是在这些方面使运动员得以适应。模拟训练的方法如下：

一是按比赛要求进行实战。运动员在平时训练中一般都不记分，而模拟训练则要记分，实战会使运动员增强比赛得分的意识。

二是调整训练时间。运动员平时训练一般安排在上午、下午，而赛前运动员可以根据比赛时间安排来调整训练时间，使其适应比赛时间和适应晚间灯光等问题。

2. 放松训练法

模拟在比赛条件下进行放松训练，使运动员学会只要意识到自身有紧张的信号，马上进行深呼吸、慢呼气，使自己立即出现一种放松反应。还可以运用默念套语的方式进行自我暗示，如"我的上肢肌肉放松了""我的小腿放松了"等。在赛前过度紧张时，运动员可播放轻松、节奏慢的音乐，使身心逐渐得到放松。

3. 表象训练法

表象训练法是指在暗示语的指导下，头脑中反复想象某种运动动作或运动环境，从而提高运动技能和情绪控制能力的方法。表象训练法是体育运动领域最为常用的一种心理技能训练方法。表象训练有利于建立和巩固正确动作的动力定型，有助于加快动作的熟练速度和加深动作记忆。跆拳道运动员在进行表象训练时，要在形成正确的运动表象的基础上进行，教练员给出的语言暗示应简单明了。运动员在学习技战术阶段，重点是正确掌握动作和提高学习效果。在比赛期间，侧重点是提高运动员对兴奋、紧张等情绪的掌控。

4. 赛前意志训练法

运动员和教练员要为比赛建立符合实际、明确具体的奋斗目标，教练员要引导运动员专心于既定的目标，直到实现。教练员要善于在运动员遭到挫折、失去信心、意志薄弱时，帮助运动员找出原因，鼓励其树立信心，以旺盛的斗志去迎接新的战斗。运动员要在每次胜利和失败之后，认真总结经验，做到胜不骄、败不馁，以认真的心态，不懈的努力，打好每一场比赛。

5. 赛前注意力集中训练法

良好的注意力指向与稳定性不仅能保证运动员有效发挥运动水平，还能抵制来自自身和外界的干扰，保持情绪的稳定。运动员赛前可以通过视听觉守点法、追踪法、语言暗示等方法训练其注意力品质。

6.诱导训练法

通过他人的语言信号或其他途径，如录像、录音等的外界刺激来引导运动员按照预定的要求去执行的心理训练方法就是诱导训练法。通常情况下，可以将诱导训练分为两部分：一部分是赛前安定训练，另一部分是赛中安定训练。

通过赛前安定训练，能够使运动员的休息得到保证，使其注意力转移到与比赛无关的事上，同时也使运动员的心理得到有效放松。其中，比较常用且效果较为显著的安定训练有练气功、读书报、看电影、适度的娱乐活动等。

赛中安定训练不仅能通过相应手段与措施将因外界环境条件的变化对运动员产生的异常心理变化排除掉，而且能避免因比赛发生出乎意料的情况而对运动员技战术水平的正常发挥产生影响。其中，比较常见的使运动员情绪波动的主要因素有动作失误、裁判的误判、漏判、错判等情况。鉴于此，要求教练员为运动员分析临场情势变化提供相应的帮助，并且根据实际情况提出切实可行的措施，从而达到使运动员做好一切准备应对临场情势变化的目的。

（三）赛前与赛后的心理调节方法

1.赛前心理调节的方法

（1）自我认知训练

通过自我认知训练，能够在赛前阶段有效提高运动员的自信心。在训练过程中，要求运动员通过一些如"我一定行""我不会受到干扰"等积极的暗示，自觉进行自我灌输与调整。

（2）比赛动机训练

对于不同的人来说，比赛动机是有差别的。因此，在采用比赛动机训练法时，要根据个人的实际情况进行选择。竞技动机、成绩指标、自我责任感及个性发展程度等都对比赛动机有着一定的影响，通常采用激励、诱导、命令、表扬和惩罚等教育方法进行比赛动机训练。一般来说，良好的比赛动机可以形成积极向上且稳定的心理状态，排除比赛不利因素的干扰并形成稳固的最佳竞技状态。

（3）心理准备训练

通过心理准备训练，能在对比赛双方的情况和运用模拟训练等较为了解的基础上，为运动员做好参赛心理准备提供相应的帮助。主要的训练内容有一般准备、模拟训练、心理调节训练等。这种训练方法的关键在于要充分了解对手的各方面情况，尤其对手擅长的技战术动作和攻防习惯，这样才能保证模拟训练的针对性。

（4）心理适应训练

通过心理适应训练，能对运动员与竞赛环境之间保持心理协调起到积极的促进作用。这一训练方法的内容主要包括适应不同裁判风格的训练、适应比赛器材的训练、适应不同观众情绪的训练、适应参赛地生活的训练、适应比赛场地氛围的训练等。

2. 赛后心理调节的方法

（1）正确看待胜负，尽快摆脱比赛成绩的影响

比赛成绩对运动员的心理有着较强的刺激作用，比赛成绩在运动员大脑皮质中的痕迹作用可长达1～3个月。优胜者往往会长时间陶醉于欣喜兴奋中，而失利者则往往陷入沮丧、苦恼。因此，在赛后要及时对运动员的心理进行适当的调整，尽快消除比赛成绩的干扰，正确看待比赛结果，从而为下次比赛做好准备。

（2）尽快使不正常的攻击心理得到消除

在跆拳道比赛中，运动员往往会表现出显著的攻击性特点，这一心理特点能使运动员增强对对手的进攻冲动，使运动员保持良好的比赛状态。在比赛后，这种进攻状态不会马上消失，尤其比赛失利的一方由于自己预期的目标未能达到，没有满足夺取比赛胜利的愿望，因此，受到刺激，会产生新的攻击冲动。但是，这次攻击动机往往将攻击对象设为对手、自己甚至是教练员、裁判员，可能会产生非常不好的后果，这就要求运动员在赛后对这种心理进行及时调整，避免不良后果的产生。

（3）避免自信心的丧失

对于运动员来说，在比赛中失利，或结果与自己的预期有差距，其自信心往往就会受到影响。运动员自信心丧失，会使运动员对以前已建立的运动表象产生一定的怀疑和动摇，并且思维陷入错误的判断，开始对自己进行否定。这些不正常的心理状态长期持续下去，不仅不利于跆拳道训练的顺利进行，还会对运动员赛后的集体生活、训练、人际关系等产生不利影响，甚至导致其他心理障碍的产生，对跆拳道运动整个团体的精神面貌也会产生不利的影响。因此，要采取适当的措施及时调整这种心理状态。

（4）消除赛后的紧张情绪

运动员在参加比赛后，紧张情绪会持续一段时间才会逐渐消失，比赛层次与规格越高，带来的紧张情绪越强烈，消失持续的时间也就会相对较长。比赛中的极度紧张、焦虑感会在运动员的大脑里留下深深的痕迹且不易消退。因此，赛后必须通过相应的手段，使运动员的紧张情绪尽快消除。

（四）赛前常见心理障碍及克服方法

1.赛前盲目自信状态

处于赛前盲目自信状态的运动员，有时会表现为知觉、思维迟缓，注意强度下降，对比赛的积极准备不够，过于自信，轻视对手，始终处于亢奋状态，对自己的水平能力进行过高的估计，存在侥幸心理。受到这种不良状态的影响，运动员往往无法对比赛进行认真分析，也无法客观和有针对性地研究比赛对策，会在面对困难和挫折时束手无策。要想克服这种状态，需要加强运动员的思想教育、作风教育和意志品质训练，充分了解并掌握对手的赛前情况，对双方的优劣势进行客观的分析，充分估计困难和不利因素，做好心理准备。运动员要保持头脑清醒，以适宜的心理状态参加比赛。

2.赛前淡漠状态

赛前淡漠状态的产生，在很大程度上受到运动员大脑皮质兴奋过程下降、抑制过程加强等因素的影响。赛前淡漠状态往往会表现为精神萎靡、情绪低落、意志消沉、反应迟钝、缺乏信心而无力投入比赛，甚至想退出比赛。运动员对比赛的不利因素考虑过多而又无相应的解决方法，赛前训练不当导致过度疲劳，缺乏顽强的比赛斗志和战胜对手、夺取比赛胜利的信心，这些都是导致赛前淡漠状态的原因。针对有这种不良状态的运动员，应该采取以下措施：首先，要将运动员比赛斗志有效激发出来，使其端正比赛态度，形成良好的比赛动机。其次，要对比赛双方的真实具体的情况进行认真细致的研究，并且根据得出的结论制定相应的、行之有效的措施。再次，可采取鼓励、积极的语言暗示、提早做准备活动等方法，达到提高运动员兴奋性的目的，同时，还要科学合理地安排赛前训练，使过度疲劳的现象得到有效避免。

3.过分激动状态

在跆拳道比赛前，个别运动员会出现一些过分激动的状态，主要表现为情绪强烈紧张、精神亢奋、食欲下降、睡眠严重不足、呼吸短促、心跳加快、心神不定等，这些不良的状态会使运动员对自己的行动失去控制。这种状态产生的原因主要有两个方面：一方面是对比赛的胜利期望过高，另一方面是想赢又怕输而产生的矛盾情绪交织在一起，导致赛前过度紧张、自信心下降等情况的发生。这种不良的心理状态对运动员的体能与心能都会产生较大的消耗，对运动员的比赛状态产生不利影响，从而无法正常或超常发挥出自身的技战术水平，导致比赛失利。因此，要采取有效的措施来克服这一心理障碍。具体措施有两点：一个是通过对运动员的积极引导，将他们的思想集中在比赛的过程上，将考虑的重点放在技战术的运用与发挥上，而不是比赛的得分与胜负结果；另一个是对运动员提出的要求要适当，让运动员通过对过去比赛成功时的体验，提高自信心和稳定情绪，正确对待比赛结果。

4.过高估计对手

任何比赛都有胜负，对手的实力也是强弱有别，在比赛前，运动员往往会对对手进行一定的评估，有时会产生过高估计对手而低估自己的现象，这就会对运动员自信心产生一定影响，使比赛中无法正常或超常发挥技战术水平。这种心理障碍往往发生在缺乏比赛经验的新手或遇到名气较大的对手时。要想克服这一心理障碍，需要从以下几个方面入手：首先，要对运动员的训练过程进行强化，多安排一些条件实战和实战对抗的练习，使运动员的技战术水平和运用能力得到提高，丰富其实战经验；其次，引导运动员正确对待比赛；最后，帮助运动员树立必胜的信心，分析对手，找到战胜对手的有效方法与手段。这些都是克服过高估计对手的关键措施。除此之外，激发运动员斗志，对运动员提出适当的要求和任务，摆正自己的位置等也都是较为有效的措施，可适当采用。

（五）赛前消极心理状态产生原因

运动员在赛前可能会形成不同的心理状态，甚至是不同的心理状态交替发挥作用，影响运动员心理素质。从运动员自身来看，他们在参加跆拳道比赛前往往缺乏一定的心理调节能力，容易形成消极的心理状态。不同运动员个体的性格特征、应激能力、兴趣、身体素质等都存在差异，部分运动员如果无法将自己的个性与跆拳道的赛前训练情感结合起来，就很容易影响比赛状态。此外，比赛的规模、场地、重要性、比赛性质、参赛对手实力等对不同的运动员来说会形成不同的心理认知。例如，某次参赛对手实力普遍较强或者是对比赛场地不熟悉等，都将会直接影响运动员对比赛结果的预判，从而产生焦虑、紧张等情绪，影响正常参赛的节奏。

（六）赛前心理训练的现实意义

对于运动员来说，良好的赛前心理状态是在比赛中获得胜利的必备素质。跆拳道比赛的突出特征就是对抗性较强，对运动员的身体素质要求较高。在比赛中，有的运动员身体素质具备一定的优势，但是往往会因为心理状态不佳没能完全发挥自己的正常水平，进而影响比赛成绩。

针对跆拳道运动员进行科学专业的心理训练，是让他们避免出现消极赛前心理状态并形成自发心理调节能力的基本技能训练，也是帮助跆拳道运动员形成更加稳定、健康心理素质的基本途径。有效的心理训练能够帮助跆拳道运动员充分缓解赛前的心理压力。

二、智能训练

通过对跆拳道运动的实践经验得出，运动员的智能结构主要包括五个方面：注意力、观察力、思维力、记忆力和想象力，这些要素互相连接、相互作用，共同促进智能的发展。

（一）注意力

在跆拳道运动中，注意力指的是运动员专注于对手动作、姿势和状态的集中程度，跆拳道运动员的注意力是进入比赛状态的首要步骤。在跆拳道运动中，注意力的集中程度直接影响着运动员的攻防能力、反击能力，以及反击技术的施展效果。

就人体注意力的生理特征而言，当注意力不集中时，动作、反应会减缓；过度集中注意力则可能产生呆滞，若注意力过于集中在某一部位，则有可能忽视其他部位，注意力的转移也可以减慢动作反应的速度。要让跆拳道运动员的智能水平更高，就需要深入探究人体注意力的生理特征和执行动作的行为特征，以便在进攻或反击时找到最佳时机，为自己创造机会。跆拳道运动员的注意力包括以下三方面：

1. 发现对方的注意力

获得信息的基本方式是通过注意力，跆拳道运动员可以通过观察对手的注意力来预测其动作，在行动前，运动员的内心动态能通过对手的注意力反映出来。运动员在探寻最佳时机时，通常会留意对方注意力所集中的地方，以对方的眼神和身体姿势的状态进行推断。通常情况下，当对方的目光集中在某个地方时，很可能意味着对方准备对这个部位发动攻击，这时候对方的身体姿势也会进行调整，为发动攻击做好准备。

观察对方的专注程度是为了了解其内心活动和行动计划，并采用相应的策略来抢占先机。如果对手一直专注于主动进攻，那么其防守反击能力就会减弱。此时，在对方发起进攻前抓住机会进行冒进攻击，反而更容易取得成功。如果对方专注于反击，那么他们会更敏锐地观察进攻动作。因此，使用假动作能够在进攻距离内迷惑对手。

在运动员身处比赛中时，不可能一直处于高度专注的状态，许多因素都可能导致运动员分散精力，比如客观环境的影响、个人情绪的波动、动作选择的犹豫等，这些因素都可能让运动员的注意力受到干扰。运动员分散注意力的瞬间无法进行进攻或反击，因此，可以抓住这个时机，快速地发起攻击，这样成功的可能性就更大。

2. 分散对方的注意力

跆拳道运动员的注意力具有以下两个非常明显的特征：

一是运动员使用的动作比较单一，大家都是同一种打法，运动员对这些动作的注意力越强，平时训练的次数越多，相应的反击动作越熟练，进攻技术和反击技术同步发展，这样就增加了单一动作的进攻难度。针对这种情况，要求运动员的进攻动作掌握得要全面，各种动作的使用频率相对均衡，动作变化多种多样。这样，运动员就不可能把注意力集中到单一动作上，从而起到分散对方注意力的作用，为特长技术的使用创造有利条件。

二是运动员在比赛中容易受到对方动作的影响，导致双方的动作模式变得僵化，用相同动作进攻、相同动作反击，在这种情况下，比赛往往就会演变成一场"力量对抗"，无法充分展示跆拳道所涵盖的技巧和动作的特点。此时，运动员应运用多变的动作，巧妙地调整运用，以此来分散对手的注意力。

跆拳道的进攻目标局限在对手的头部和躯干，动作的起始点总是站在"闭势"和"开势"的基础上。但是，这些因素并不妨碍利用动作变化的方式来分散对方的注意力。加强"闭势"和"开势"的变化频率，增加对方观察和判断的难度，这些技巧可以有效地分散对手的注意力并为进攻创造条件。

3. 转移对方的注意力

跆拳道运动员需要时刻准备进攻对手以及防止对手的进攻，需要保持高度警觉，这样能帮助他们分散对手的注意力。因为人类天生具有条件反射的生理机制，当甲方做出某个动作时，乙方自然会根据甲方的动作做出相应的动作，甲方的动作对乙方来说，就像一种"引导信号"，而乙方的动作则是甲方的"反应结果"。转移对方的注意力是利用人的生理反应，将对方的注意力转移，并采用巧妙的方法，来达到自己进攻的目的。

一旦运动员被误导信号欺骗，就可能出现错觉，使他们的注意力由此转移，还可能产生相应的动作。要调整这些动作需要时间，比赛时通常来不及做出补救。因此，通过运动员注意力转移而产生的空隙，使对方拥有了打击的机会，这为对方创造了有利条件。通过虚晃动作、假动作和步法的移动这三种欺骗技巧（也称为"骗法"），可以成功地转移对方的注意力，同时还可以采用"示形""造势"的手段，进行伪装和欺骗。为了转移对方注意力，跆拳道中的"骗法"需要掌握三个关键要素：第一个要素是距离的掌握。如果双方运动员在距离进攻范围之外进行骗法，不会产生转移注意力的效果。只有当双方进入有效进攻距离时，对方才会对此做出反应。第二个要素是以真实的方式实施欺骗，只有让对方相信是真实攻击，才能成功引导对方的行为。第三个要素在于真实与虚假的结合。攻击者有时候会采用直接进攻的方式，而非采用欺骗手段，有时候则会利用欺骗手段攻击。无论是哪种方式，攻击者都需要巧妙地结合真实和虚假的要素，这样才能实现最佳效果。

成功转移对方注意力是运动员必须掌握的重要进攻技巧，其中利用欺骗性动作是一个关键的方法。这种方法成功的关键是其具有能动性，即可以有针对性地采用不同的"欺骗手段"来引导对方的注意力，从而预判对方的反应并做好相应的进攻或反击策略。由于主动调动了对方的注意力，因此欺骗性动作比较容易取得成功。

（二）观察力

观察力是指运动员通过视觉获取对方在比赛活动中的各种信息，并准确地处理这些信息以做出正确行动决策的能力。跆拳道选手在比赛中，根据对手的情况进行战术调整，如发掘对手弱点、利用对手弱点、创造机会、把握机会等，在攻防中要始终保持对对手情况的观察。因此，观察是运动员在实际行动之前要完成的活动，同时要确保动作有重点和计划，避免盲目性。

视力的优劣并不能准确反映出运动员的观察能力。因为，视觉在运动中的作用主要是观察和认知，而运动员的观察力并非仅由视力决定，更关键的是运动员对专项运动规律的理解。在比赛中，运动员需要通过观察对手的动作、姿态等因素来进行准确的判断分析，这需要深刻的认识和细致的观察。因此，观察力的提高不仅需要良好的视力，更需要对专项运动规律的掌握与积累。观察的目的是收集对方的各种信息，以便采取恰当有效的进攻或反击策略。

通过给运动员分配观察任务、传授观察法并培养观察习惯，能够提高运动员的观察力。在规划观察任务时，运动员应充分准备，制订观察计划，明确观察任务并指明观察重点，明确观察程序。完成观察后，应做好总结整理工作，以确保任务的完整性。一旦运动员熟悉了观察方法，就应及时安排观察任务，并提出高层次的观察要求。

1. 观察内心活动

在竞赛中，无论运动员是对峙、进攻，还是进行其他动作，都是在心理活动的控制下进行的。因此，掌握对方的意图，可以帮助运动员避免盲目行动，增强行动针对性和有效性。当裁判员发出"开始"口令后，运动员开始对峙。无论对峙时间长短，运动员都应始终注视着对方，进行观察和思考。如果想要主动进攻，运动员需要靠近对方，并留意对方姿态中的薄弱点以及可以进攻的时机。为了有效进行防守反击，需要仔细观察对方的行为，以预测可能的进攻方式，并为反击做好准备。

在互相攻击的过程中，运动员会根据对方的动作进行内心活动，选择相应的跆拳道动作以克制对方。他们会考虑动作之间的关系，并选择最有效的动作。在这个阶段，运动员的思维、情绪状态非常复杂，而且变化迅速。他们依靠自己对运动的感觉以及内在能力来做出反应。

为了观察对方的心理活动，运动员需紧盯对方的眼睛，利用视觉感知对方的注意点、观察重点以及思维方向，巧妙抓住对手转移注意力的时间空隙，为自己争取进攻主动权。若采取先发制人的策略，在对手发起进攻之前进行反击，成功的机会更大。

2. 观察薄弱环节

在跆拳道中，所有动作的姿势状态都可以分解成人体各个部位的姿势状态。然而，不同姿势状态会同时带来利和弊，有些部位对进攻或反击有利，而有的部位对进攻或反击不利。因此，需要关注那些薄弱的部位，以便找出优化进攻或反击的方法。根据不同动作姿势状态去攻击或防御，难易程度存在差异，有些姿势状态适合进攻或防御；有些则难度较大，需要运动员具有快速反应、动作敏捷以及条件反射能力。

预备姿势在跆拳道中扮演着至关重要的角色，不仅是自己进攻的动作起点，还是被对手进攻的目标。在比赛中，预备姿势是最常见且时间最长的动作之一。所以，预备姿势被认为是跆拳道运动中关键且复杂的动作。作为进攻动作的起点，预备姿势必须在合理且有效的状态下进行，在预备姿势中，应减少动作上的漏洞，避免给对方留下进攻的机会。

为了寻求、利用、创造攻击或反击的机会，运动员的预备姿势状态始终在不断地变化，这种动态姿势变化会带来优势和劣势。当运动员倾向于前腿时，有利于后腿的进攻，但前腿的机动能力受到限制，需要通过身体重心的转移进行移动、抬起和踢腿；将身体重心移动到较低的位置，虽然身体较为稳固，但行动的速度会慢一些，在出前腿或后腿时，需要将身体重心抬高，这样不断调整姿势容易被对方反击；当运动员侧身站立时，其转身后踢腿的动作会更加迅速，因为转体幅度小，可以直接到达目标位置，然而，此姿势不利于前腿进攻发力所需要的工作距离，而且这种姿势还容易暴露出转体的迹象，给对方提供进攻机会。腿向前横踢也不是最佳选择，因为需要先将前脚尖向外摆动才能发动攻击动作，同时，躯干旋转幅度过大也会提醒对方，此外，发出攻击动作的运动轨迹较长，到达目标需要更多时间，易被对手防守或反击。

在运动员进攻前，会通过改变预备姿势的距离、方向、角度和身体重心进行调整，并使用骗术、闭势和开势等不同的活动方式，这些活动为运动员发出"迎击"性质的进攻动作提供了有利条件。尽管这种行为的活动范围不大，持续时间也很短暂。虽然，抓住运动员变化预备姿势瞬间的时间差具有挑战性，需要较快的动作反应和速度，但是，这是运动员在训练中不断提高自己的关键途径，让他们能够更加灵活应对比赛中的变化。

举例来说，像后腿前踢这种动作，可以促进髋关节的灵活性，协调身体的各部分力量，并快速而有力地完成动作。后腿前踢的缺点在于需要做很大的动作幅度以及较长的运行路线，可能会被对手察觉，并且暴露了躯干，对手可以趁机用转身后踢腿反击。如果运动员挑选的进攻动作和时机都恰当，甩腿的速度和力量也足够大，就可以成功打出致命一击，不让对手有还手之力。然而，如果进攻不中，甩出去的腿将有一个落地的过程，在这个过程中运动员无法改变动作，从而给对手留下了充足的反击时间和空间。

一个运动员观察力的关键是其能否准确地识别对方动作的弱点，这反映了他们对动作本质规律的理性认识程度，同时也是其是否达到"入门"的关键标志。跆拳道的每个动作都可能会击中对方，也可能会被对方反击，因此要想只击中对方，且不被对方反击，唯一的办法是要针对对手每个动作的薄弱点进行进攻，避开对手容易反击的部分，集中攻击对手防守不利的部位，此外，跆拳道动作的合理性、速度和力量也是至关重要的。

3.观察进攻方法

进攻是运动员获得积分的主要方法。在跆拳道比赛中，一种动作既可以主动进攻得分，也可以因对手防守反击而失分。因此，观察对手的进攻手段，不仅可以防止对手得分，还能为准确反击做准备。

如果打算主动攻击，就需要满足以下三个条件：一是要找准对方动作薄弱的部位，抓住对方姿势瞬间出现的易于袭击且对方无法反击的时机；二是根据时机的不同，选择具有相生相克效果的进攻动作；三是动作需迅速有力。

要成功进行防守反击，需要在对方发动进攻前，仔细观察其姿态和状态的变化，从而预判对方的进攻方式。在通常情况下，运动员在执行动作之前会有各种不同的前兆，而在跆拳道进攻动作中，这些前兆可以被分为以下两类：

一类是因动作技术掌握得不当，或者因在进行动作前未养成良好习惯而导致的先兆。举例来说，在执行后腿前踢动作时，运动员的身体躯干应该以垂直轴为中心进行转动。然而，许多运动员在做动作之前，先向一侧倾斜身体，这就是发出后腿前踢动作的前兆。在这个动作中，因运动员在做预备姿势时，前脚尖过于向内，所以必须先将前脚尖向外摆再做动作。此时的前脚尖外摆可以被视为后腿前踢动作的预兆。

另一类是通过深入了解动作规律并合理地执行动作，察觉到可能会出现的进攻行动信号。在仔细观察进攻方法的动作预兆时，需要留意对手身体的重心变化。这是因为无论何种进攻动作，运动员身体的重心都会随之移动，当重心向前腿移动时，通常用后腿进攻，反之，当重心向后腿移动时，通常用前腿进攻。因此，关注对手重心的移动是至关重要的。即使运动员身体重心转移的动作小、时间短，仍为观察对手进攻方式提供了有利条件。

在研究跆拳道运动实用技术时，进攻和反击是密不可分的。要想保证每次进攻都能得分，必须在发出进攻动作时迅速且不易被对手察觉，使动作能够顺利地到达目标而对手没有时间作出有效的防守反应，想要每次都成功地反击对方的进攻，需要在对方行动之前，准确观察和判断对方进攻方式所出现的预兆。

4. 观察动态规律

动态规律是指运动员在运动过程中身体的动作姿势状态。在比赛中，运动员持续不断地运动，虽然他们的身体姿态在变化，但是他们一直遵循着一定的动态规律。寻找规律、理解规律的目的是能利用这些规律进攻或反击对手。

跆拳道运动员的动作可以根据其性质和幅度分为内动、小动及大动三个不同的类别。内动是指运动员在对峙期间保持准备姿势时，内心所发生的心理活动；小动是指进攻前所做的所有动作，包括各种步法移动和假动作等；大动指的是在比赛中进行进攻时，具有得分功能且较为明显的动作。内动、小动和大动的表现特征各异，而这些特征则决定了不同的进攻或反击策略。通过观察对方的动态，能够更精准地做出有效的进攻或反击动作，并提高运动员对不同动态做出相应动作的条件反射能力。

根据运动员发出进攻动作的规律，从预备姿势出发，可以分为两种：闭势和开势。运动员可以先出前腿或后腿，但始终需要遵循一定的规律，预测和判断对手的动作可以帮助运动员更好地做准备，并做出相应的动作反击对手。

运动员的技术特长有所不同，一些人擅长在"闭势"中使用前腿进行进攻，一些人则擅长在"开势"中使用后腿进行进攻，有的擅长连续攻击，有的以主动进攻为主，有的注重防守反击，有的在进攻与反击之间灵活转换。总的来说，运动员会更频繁、更成功地采用他们擅长的技能，挖掘运动员的技术专长，可以选择那些平时训练中掌握熟练的技术。

（三）思维力

思维是人脑对外界事物的认知和反应，包括从感性到理性的抽象思维的过程以及对事物进行概括和推理的能力。跆拳道选手的思维力指的是其对所从事的专业运动本质规律的认知，以及在实践中发现、分析、处理训练和比赛中问题的能力。运动员智能的核心要素之一是思维力，也是智能训练的本质。

竞技体育是非常独特的，一是因为竞技体育涵盖了人体运动的竞争。相比于物体运动，人体运动更复杂，竞技体育的水平和成就建立在许多学科领域知识的基础之上，涵盖了社会科学和自然科学等。二是运动员的身体动作与其思维方式息息相关，因为运动员在运动时是凭借自身意识来支配身体完成技术动作的。这表明，竞技体育的复杂性越大，运动员的智力素质也就越为重要。由于竞技体育运动牵扯到思维的方方面面，因此思维在整个过程中扮演着重要的角色。其中，一个方面是指导运动员完成各项动作，另外一个方面是对各种专项运动的本质规律进行深入研究、了解，并将其应用到训练和比赛中去。运动员的思维力表现在以下几个方面：

1. 技术思维

技术思维是指运动员在熟悉各种动作的基础上，对跆拳道的技术体系（包括腿法、进攻法、防守法、骗法等）进行合理性和有效性的认知。合理性指的是在完成每个动作时要符合运动学和运动生物力学原理、技术原则以及比赛规则，确保动作的正确性；有效性指的是动作要迅速、坚定、精准地打击目标。在比赛中，运动员使用基本动作作为他们的技能工具，技术的独特细节对高水平的运动员来说尤为重要，失之毫厘，差以千里。在技术的形成和发展过程中，运动员需要经过刻苦训练，同时必须精确理解动作和详细分析技术，这些都需要依靠正确的理论思维来指导。

2. 运用思维

运用思维是指运动员在比赛中利用动作的效能。尽管运动员具备掌握基本动作、高水平技术和娴熟技能的能力，但这并不意味着他们可以在比赛中有效地使用这些手段。从运动训练的角度来看，基本技术训练的核心是提高运动员通过本身的感觉完成动作的数量和质量；运用能力训练的重点在加强其根据动作条件反射建立行动对策的能力。技术训练和运用能力训练的本质特点不同。

跆拳道运动员需要集中思维精力，从进攻和防守的角度深刻理解动作个体的虚实利弊特征，以全面理解技术体系整体动作之间相生相克的关系，以精准掌握比赛中的动态规律，以正确挑选时机、动作、小动打迎击、大动打反击等。为了培养运动员的动作条件反射能力，在训练和比赛中，运动员不能做出任何妨碍建立正确动作条件反射能力的行为，并且不可以错失任何一个得分的机会。

3. 战术思维

战术思维是为了在竞争中取得优势而采取的策略。战术的形成和应用是依据双方运动员的技术、身体、心理等方面的综合探究，通过教练员和运动员的深入思考，为了达到获胜而制定的一种方案，适用于特定的运动项目和比赛形式。战术要求一方面注重自身优势和劣势，最大化地发挥自身的长处；另一方面需要采取抑长制短的策略，以实现对对方的控制，使自己处于更有利的地位，且避免被对方控制。在体育训练的内容组成中，无论是从战术的特性和作用，还是战术及其训练的要素来看，因为战术的重点是策略和谋划，所以战术的训练应该归类到智力训练中。跆拳道的战术包括旁路进攻战术、强力进攻战术、致命打击战术、掌控距离战术、出其不意反击战术、多种方法相互配合综合战术等。在运动员技能的最高阶段，运动员需要熟练掌握战术形式的运用与训练。战术的决策和运用需要高超的谋略，而完成战术最终归结于运动员的技能，因此，战术是运动员智慧和技能的交融体现。

4. 训练思维

训练思维是一种教育过程，其目标在于提高运动员的竞技水平，如何有效地提高运动员的成绩是教练员不断讨论的话题。

在跆拳道比赛中，运动员需要在短时间内抓住有利时机完成行动。如果运动员在有限的时间内和激烈的竞争环境中缺乏快速思维的能力，就会失去有利战机。因此，对于跆拳道运动员的思维能力训练中的思维速度的训练是至关重要的。让运动员在规定的时间内完成思维任务是其中一项基本的训练方法。简化思维步骤，拓宽思维视野，促使跆拳道运动员养成良好的思维能力。

（四）记忆力

记忆是人脑对过去所经历事物的记录和反应。跆拳道运动员的记忆力指的是在比赛中能够准确运用已经学会的技战术的能力。运动项目对运动员的记忆力要求有所不同。那些具有固定动作序列的周期性运动项目对运动员的记忆力要求相对较低，而那些没有固定动作序列的非周期性运动项目对运动员的记忆力要求较高。在"非周期性"的运动项目中，完成既定套路动作的项目不需要太强的记忆力，而对抗性运动项目中，动作没有固定的顺序，变化越多、灵活使用的范围越广，对运动员记忆力的依赖性越高。

跆拳道运动员在比赛中表现出"随机而动、随动而发"的特点。无论是攻击还是防守，运动员在动作尚未发出前一切都是未知，需观察对手的身体姿势状态，仔细思考，找到适合自己进攻或反击的时机，通过记忆调整相应的动作，由此可知记忆在跆拳道比赛中扮演着至关重要的作用。

无论教练员对运动员记忆力的了解程度如何，训练过程本身就是让运动员记住各种动作，通过不断练习，使动作成为"本能反应"，在激烈的比赛中灵活运用。自动化是指在对方出现可被攻击的时机时，自己的进攻或反击动作能自然而然地发出，并且可以命中对方。如果教练员能真正地认识到专项运动中记忆力的影响，那么就会促进运动员专项技能的提高。运动员能在比赛场上发挥出的技战术与其对动作的记忆密切相关，经过不断地训练直到熟练掌握技战术，在比赛中灵活运用。

在比赛中，运动员的技战术表现受到多个因素的影响。首先，比赛场馆的紧张和激烈氛围会使运动员的记忆力和思维力受到影响，导致许多经常使用的技战术无法表现出来。其次，因为受到恐惧失败的思想影响，导致记忆攻击或反击动作的反应速度过于严谨而变得缓慢。再次，受对方运动员的动作所影响，若对方使用什么动作，自己也会仿效对手的动作。当对方反击时，自己会犹豫不决，无法果断进攻，此外，自己的动作记忆也会受到对方的影响。最后，因错误的动作认知产生的影响，人们会盲信一种特定的动作并专门使用这种动作，而不愿意去记忆和使用其他的动作。这些因素将极大地影响运动员技战术水平的提高，在训练过程中必须妥善处理。

1. 全面记忆

技术动作的全面发展是竞技体育运动项目的普遍要求，依赖训练过程中运动员对技术动作的全面记忆。跆拳道运动员技术动作记忆力的训练主要包括四个方面的内容。

首先，需要记住基本动作，并且要正确认知哪些动作常用，哪些动作不常用。通常在训练时，重点放在常用动作的练习上，而对于不常用的动作则投入较少的精力。随着常用动作练习的增加，不常用动作的练习相应减少，这样会导致技术上的单一化。同时，常用动作练习中的进攻和反击能力增强，但相应的进攻和反击难度也会增加。实际上，对于运动员而言，所表现出来的常用和非常用动作是自身训练选择的结果。因此，只要注重锻炼和使用非常用动作，这些动作不仅能变为常用动作，还能起到出人意料的效果。

其次，需要解决训练中"前腿动作的进攻记忆"和"后腿动作的进攻记忆"不平衡的问题。在通常情况下，在比赛中使用前腿和后腿的进攻机会相对均等，有时使用前腿的进攻次数比使用后腿的进攻次数还多。一些运动员在训练时会不自觉地将大部分时间用到后腿动作的进攻练习上，从而减少了前腿动作进攻的记忆痕迹。这样一来，运动员的前腿动作的速度和力量就无法达到得分标准，导致他们很少使用前腿进攻或反击，错失了许多得分机会。

最后，记忆进攻时机也非常重要，进攻时机是指对手适合自己做出进攻的姿势状态。虽然进攻者和被进攻者是跆拳道运动中两个重要的元素，但人们对跆拳道动作的研究和训练集中在进攻者方面。因此，只重视和训练进攻方法，而忽视被进攻者的运动规律，将导致主观和客观脱节，只关注主观意愿而忽略客观效果，这是训练中盲目性的显著标志。如果不解决进攻的盲目性，就很难提高跆拳道的技能水平。

在跆拳道比赛中，对战双方都是经过训练的专业运动员，需要预测对手的动向，因此，训练环境必须与比赛环境相匹配，以提高运动员的预测和应对能力。研究客体的运动规律是观察客体动作姿势状态的变化特征，比赛中，双方运动员会不断运动并呈现出不同的动作姿势状态，通过研究这些状态，可以确定进攻或反击的最佳时机，以及选择哪种方法更易成功。

为了正确地记住进攻时机，需要了解"内动、小动、大动"三种不同动态类型的表现，需要注意每一类中主要姿势状态的表现，以及每一种表现适合哪种进攻方法。建立正确的认识展开训练，逐渐加深记忆的印象，并加强动作条件反射能力。

跆拳道中的每个动作都具有相生相克的关系，整体而言，尽管每个动作既可攻击对方又可被对方反击，却并非所有动作都适用于任何姿势或状态。跆拳道的进攻与反击动作多种多样，二者之间具有复杂的关系，巧妙掌握这些关系可以帮助运动员采取最合理的动作进行攻击或反击，这不仅可以轻松地得分，还能展现出跆拳道技术的精湛和独特的风格。

2. 重点记忆

重点记忆是在全面记忆的基础上，根据训练需要，在每一个阶段的每一次训练课中，特别关注重点动作的记忆。如果教练员坚持使用同一套训练计划，那么运动员就可能会感到精神疲惫，这会影响他们对动作的记忆和掌握。所以，每次训练课需要明确训练重点，无论是改善技术还是加强技能，都要着重训练。在训练中，应该将基本技能和基本理论相结合，让运动员的大脑理解动作，同时让身体运用动作，保持训练效果长久、深刻。这样，运动员能够深刻感受到每个训练课的进步和成果，从而保持高度的训练热情。

需要特别注意的是，运动训练本身就是一种不断寻求处理方案的过程，每一项训练内容和方法都旨在处理特定的问题。针对运动员在不同阶段可能会遇到的问题，有一些重点记忆方法可以帮助其进行处理，这些方法是以处理运动员重要问题为中心的。例如，运动员在主动进攻时未能很好地运用"骗法"，那么针对各种"骗法"进行短期内的集中练习，直至练习娴熟，随后再进行全面性的训练。

运动员应该集中精力培养自己专长技能的重点记忆，专长技能可以促进运动员全面发展。当运动员达到一定水平后，应根据自身身体条件和对不同动作的理解逐渐突显自己的专长技能。一旦确定了自己的专长技能，就要不断提高它，增加练习量，并在实战中频繁使用，努力做到完美。只有这样，才能真正练成自己的专长技能，无论何时何地，这些专长技能都能为运动员赢得分数。

3. 综合记忆

在训练时，教练员给出练习的具体内容和要求，运动员按照这些规定有条不素地进行练习。这种基础训练的常规形式存在两个缺点:一个是教练员规定了练习内容,导致运动员只是不断地做相同的动作,虽然可以提高动作质量,但却不能有效训练运动员复杂的动作记忆能力;这种训练环境并不能达到比赛真实的环境,无法完全满足运动员的训练需求。另一个是运动员的记忆点一直集中在教练规定的练习动作上,也就是说,运动员已经预先知道自己将要完成何种动作。尽管教练每次训练都会制订不同的计划,让运动员记住多种动作技能,但由于运动员必须按照教练的程式来进行运动,这可能导致在实际比赛中出现动作记忆与需求不符的情况。

运动员需要运用实际记忆力来应对比赛中客观情况的出现。在比赛中,自己并不知道对手会出现何种姿势,需要在瞬间作出反应和选择动作。这需要运动员具备强大的记忆力和灵活性。同时,每次对手出现的情况都是不同的,要求运动员能够应变并随时发出相应的动作。此外,为了在比赛中控制局势,运动员还需要灵活多变地调整动作。运动员要想有效地进行动作选择和动作变化,就需要拥有良好的动作综合记忆力。因此,完成基本动作训练后,运动员需花费大量时间进行实际竞技训练。

在跆拳道训练中,培养运动员的综合记忆能力属于最高层次的训练。一方面它和"比赛环境"密不可分;另一方面该训练方法具备高度复杂性,并对运动员比赛场景的想象力提出了较高的要求。高水平运动员的训练成果取决于他们的训练内容、手法、要求,因此,为了提高运动员的训练水平,应该增加综合记忆力训练的比重。

4.动作条件反射的记忆

跆拳道是一个强调运动员条件反射能力的训练项目,其技能训练的主要特征是训练运动员掌握动作的条件反射记忆,针对对方动作的姿势、状态和时机,瞬间作出进攻或反击,无论是大规模还是小规模的动作,或是内部运动的抢攻,运动员必须在对方出现不确定时,做攻击或反击动作,这是一个复杂的过程,运动员需要观察时机、选择动作并迅速地发出动作。这种反应能力不是固有的,而是需要长期训练和建立条件反射的能力。这些动作看起来很明显,但实际上依靠的是看不见的能力。

运动员的条件反射能力是根据他们对动作的记忆能力构建的。运动员不仅需要完成单个动作，同时还要记住各种对手的优势和弱点，以及针对出现的情况采取的进攻或反击动作。在比赛中，只要运动员能克服自己的预备姿势和不正确的动作，运动员了解的战机和记忆中的战机就越多，就能更快地找到进攻或反击的机会，增加得分的机会。如果许多战机没有得到识别、培训和记忆，那么这些战机将消失在比赛中。

因此，对于跆拳道运动员来说，了解战机、记忆战机、多方面掌握战机是获胜的一个至关重要的因素。战机的认识、记忆和多抓等方式，与文字、数字和事物的认知方式不同，前者依靠大脑的思维记忆，后者则需要通过运动员练习特定的身体动作，以建立起有应答关系的动作条件反射记忆。这种记忆涉及多个复杂的动作步骤，包括观察时机、选择动作和执行动作。只有当运动员能自行完成这些步骤时，才能在比赛中达到顶峰。

运动员形成动作条件反射能力的过程，要求在训练中始终遵循"先难后易、尽善尽美、实战实训"的原则，只有经过长期、熟练、正确的练习，才能在记忆中建立起与动作相应的条件反射痕迹。无论是"小动打迎击"，还是"大动打反击"，这些不同打法和相应时机的应用都很困难。因此，在训练过程中，运动员必须精益求精，不能错失任何一次机会，一旦出现错误或错失战机，就会对正确建立的动作条件反射造成影响。

（五）想象力

想象力是人类大脑对已经感知过的物体、场景和事件进行再现和创新的能力。运动员需要具备将比赛场景和动作形象在脑海中再现并加以创新的能力。尽管跆拳道是一种两人之间徒手对抗的运动项目，但在每堂训练课中，不应将实际比赛作为唯一的训练内容。训练主要采用专项动作进行空击、模拟实战、条件实战等手段，导致训练环境与比赛环境在运动员的思想、时间、空间等因素上发生了根本性的差异，这是运动员面临的最大挑战。

例如，在比赛期间，战机的出现难以预测，且出现的时间非常短暂，仅片刻就会迅速消失，要想抓住这个机会，需要高度关注、敏锐观察，以及迅捷的行动能力和动作条件反射能力。在训练过程中，有些运动员对各种练习都表现出轻松的心态，认为只要认真训练就好。因此，他们的精神与注意力会分散，无法高度集中。有时他们完成动作的力度和完整度无法达到最大化，这会极大地影响训练质量。运动员进行教练员安排的打靶练习，并不需要预测动作，因为教练会安排靶子在运动员击中之后再收回，此外，靶子停留的时间比战机出现的时间长。虽然这些练习方法是个人或双人合作完成的，打破了"比赛环境"中关于时间和空间的限制以及摆脱了实战运动员的"动态"条件，但是为了完成正确的动作，运动员需要从实战的角度出发。除了遵循教练员的组织形式、方法手段等，运动员还需要具备很强的想象力，对比赛的客观情况要有很强的实战意识。在训练中，拥有实战意识是最高水平的想象力表现。比如进攻、防守、反击等动作，只有在严格实战意识的驱使下，才能将练习中想象出的动作以最逼真的方式呈现出来，从而提升训练的质量和效果。

运动员需要广泛地使用想象力，以在训练场上达到各项训练要求。在训练中，间歇时间不仅可以休息，还可以回顾和想象已经完成的训练内容。在想象中，运动员可以评估自己在每个动作环节中的表现，发现问题并将其设置成下一次的训练重点。通过这种习惯，运动员能够主动改善动作技巧，提高训练效率，进而提高技战术水平。除了训练场上的实际练习，运动员也可以通过想象来提高运用技战术的能力，可以通过脑力思考比赛中可能出现的情况、画面和动态。例如，对手的动作姿势状态以及应该采取什么样的动作进行主动进攻或者反击对方的进攻。即使没有实际动作，想象训练法仍然能够帮助人们记忆、熟练及构思动作。跆拳道运动员进行战术训练时，遇到复杂的问题，尤其在模拟训练方面，为了帮助运动员增强战术意识和能力，通过想象训练，设想各种情况和对手的战术，并展开破解，来增强战术技巧。

跆拳道技战术的提高始终离不开相生相克的推动力量。同时，想象力在技术创新中也扮演重要角色。在不同的发展阶段中，运动员的共性与个性会呈现出不同的表现特征，需要学习和掌握那些优秀的表现，并通过想象力来制定出破解这些技术和战术的措施。运动员最终的目标是通过训练掌握这些措施，争取在比赛中处于强者的地位。为了解决运动员普遍存在的问题和技术发展受阻的现象，运动员需要构思针对性的动作方案和训练措施。展开想象和思考，是推动跆拳道技术不断进步和创新的重要途径。

第七节 竞技跆拳道体能训练

我国在竞技跆拳道项目方面已经打下了相当扎实的基础。如今，竞技跆拳道项目备受全球瞩目，竞赛规则不断更新，这也促使着战术策略的不断变革，逐渐从技巧灵活型转向强对抗型。因此，运动员的体能水平也需要不断提高。当前的重要任务之一，就是加强运动员的身体素质训练，以便更好地适应运动需求。

一、竞技跆拳道体能训练的基本思考

（一）根据跆拳道项目的得分方式分析运动员体能训练形式

从竞技跆拳道比赛中观察到，大多数运动员成功获得分数的方式是通过腿部进攻技巧得分。在现今的竞技跆拳道比赛中，横踢和跳踢是获得有效分的主要技术，这两项技术的特点需要在有支撑的条件下才能完成踢击动作，并需要通过单腿来支撑全身，可以利用肌肉的收缩来完成腿部进攻动作。在比赛中，拳法也能获得有效分数，但使用这项技术的机会不多。因此，竞技跆拳道教练在今后的训练中需要正确安排腿法和拳法的训练时间，既要注重腿法的主动攻击能力，也要培养拳法在实战中的防守和进攻力，让其成为一种有效的比赛技能。

（二）根据能量供应的特点对体能代谢情况进行研究

从比赛中可知，运动员之间的相互对抗可以划分为两个阶段：第一个阶段是高强度对抗期，第二个阶段是相对持久的相持期。在比赛中，运动员会频繁地进行攻防转换，每一次攻防持续时间都很短暂。运动员在每场比赛中需要进行71～75次的步法调整，也就是平均每6秒至8秒就需调整一次步法。[①] 在对抗期内，运动员的动作反应时间必须在1.08秒内完成。这需要运动员迅速调动身体内的所有能量，并快速发起有效的攻击，以取得胜利。在相持阶段，运动员需要采用敏捷的步伐或招式进攻对手，此时主要依靠有氧代谢来保持体力和体态。根据对运动员身体数据的探究，男性运动员在运动时的心率可达173.6次/分钟，女性运

---

① 高炳宏.跆拳道比赛时间结构与能量代谢特点的研究 [J].北京体育大学学报，2004，27（5）：3.

动员的心率可达到 165.5 次 / 分钟。[①]因而，跆拳道比赛需要运动员具备强大的力量和良好的体能才能持久战斗。只有迅速释放出强大的力量，才能有效地发起攻击并战胜对手。

（三）依据竞技跆拳道项目的技术特征研究体能训练的手段

在竞技跆拳道项目中，腿法是获得比赛积分的重要技能。跆拳道的腿法包括横踢（前横踢和后横踢）、下劈、后旋踢、双飞踢、侧踢等多种形式。要使用横踢技术，运动员需要以稳固的身体支撑为基础，用强有力的腿部迅速地发出动作，这项技术要求运动员具备稳定的腿部支撑力。此外，下劈击头技术需要运动员具备较好的身体柔韧性，而后旋踢和双飞踢则需运动员可以连续完成踢击。这些打击技术都需要运动员具备较高的稳定性，因此需要运动员加强对核心力量和协调能力的训练。运动员在比赛中还需要出色的速度力量，因为他们必须能够快速地发出动作，并掌握移动的速度和空间感，所以，需要进行最大力量和快速力量的训练以提高这些能力。

二、竞技跆拳道体能训练的特征

（一）体能训练的诊断和评价特征

在进行竞技跆拳道体能训练前，教练组需对运动员的整体体能情况展开评估，这有助于确定训练方案和目标，以确保训练的有效性和适应性。根据运动员的通用问题和个体特征进行综合研究，考虑竞技跆拳道项目的制胜因素，并选择适当的指标对他们的身体形态、机能和运动素质进行个性化的测试、分析。

运动员可采用身体训练和理论学习的方法进行锻炼。借助理论学习，让运动员全面了解自身的身体技能和发力方式，从而提升他们的力量整合能力和上肢、下肢的协调性，增强大肌群和小肌群的力量耐力，提高身体的整体协调性。还要考虑到运动员的有氧代谢水平，这对其训练和比赛时的体能储备与爆发力有非常大的影响。为此，需要通过锻炼来提升运动员身体的有氧代谢水平，以此改善运动员乳酸性的无氧供能能力，并加强其对训练负荷的承受能力。

---

① 高炳宏. 跆拳道比赛时间结构与能量代谢特点的研究 [J]. 北京体育大学学报，2004，27（5）：3.

（二）体能训练的周期安排特征

竞技跆拳道项目需要考虑比赛次数和时间，以规划体能训练的阶段和内容。运动员的训练分为四个主要阶段，包括恢复期、基础训练期、专项训练期及保持体能期。在恢复期，需要全面提升各器官的运动能力和机能，激发其积极性，并为接下来的高负荷运动训练做准备。其中，关键是提高运动器官的工作效率和身体的有氧代谢能力。在基础训练期，目标是通过增强各个关节肌肉群的力量来优化基础力量和力量耐力，以提升有氧训练的水平和强度。专项训练期的核心目标是提高运动员的爆发力和持久力。通过深入研究比赛的技术和规则，并结合运动员已有的技术水平，注重增加步法和协调能力的训练，同时，根据训练效果逐步提高训练强度和氧能力输出水平。在保持体能期的阶段，目标是将比赛准备练习作为主要训练内容，并逐渐增加专项体能训练。依据比赛中确认的进攻和防守策略，提高运动员的乳酸代谢能力，进行个性化训练，预防运动伤害。

（三）体能训练的方法及负荷特征

在竞技跆拳道运动项目中，体能训练方法和负荷的制定需要充分考虑项目的技能特征和比赛的取胜规律。训练时要着重训练运动员的专项力量，同时改善能量代谢系统和提高身体协调能力，以确保运动员有足够的能量来应对比赛。此外，应加强对易受损部位的保护，采取加固措施，如腰、膝和踝等关节部位以及肌肉群等。在制订体能训练计划时，需要考虑训练的多样性，这可以通过以下几种途径实现：一是进行一般性的基础力量训练。为了提高运动员的基础体能，建议采用循环力量训练的方式，配合使用组合器械进行。训练时可以采用固定的动作和组数。例如，每组包括 8 个动作，总共进行 4 组。此外，也可以尝试负重杠铃片操、实心球操等训练形式。这些训练能够有效地提升基础力量水平。二是进行核心区域的强化训练，采用徒手动作、平衡盘等方式让运动员增强力量，每组动作的次数都是固定的。三是要加强稳定性动作的支持力量训练，比如通过平衡板步行、站立动作来增强运动员的支撑力量，以更好地支撑其稳定性动作。

（四）体能训练的个体化安排特征

在竞技跆拳道项目中，每名运动员的身体素质和能力各具特点。因此，为了进一步提升运动员的能力，在集体性训练后需要进行个性化的体能训练安排，这个训练主要针对队伍中备受重视的运动员以及有伤病情况的运动员，根据重点队员的个人特点，制订个性化的训练计划，以优化他们的整体能力水平，同时，针对受伤的运动员，在确保不影响其治疗和康复的前提下，进行特别设计的训练。例如，一名运动员受伤导致他的后交叉韧带松弛，同时股四头肌肌力不足，膝关节稳定性下降。在对该运动员进行训练时，必须坚持以不感到疼痛为准则。除此之外，还需加强上肢肌力锻炼，并通过训练来提高其本体感和平衡感，以确保下肢的柔韧性不会发生退化。

竞技跆拳道项目重视对抗性，因此训练时需重视技巧和技法并行，同时加强运动员的身体素质训练。为了提高运动员的竞技表现力，体能训练应该和实际比赛结合起来，这就需要从实战的角度出发，注重加强肌肉群和核心力量等方面的训练，提高运动员的体能素质。同时，还需要根据竞技跆拳道比赛中不同肌肉的用力形式、能量供应形式以及技战术的特点，采取有针对性的训练。训练时需要特别注重培养运动员的起跑和核心部位的力量，并在腿法和拳法的训练中增强他们的支撑能力、快速力量和最大力量，还应加强关节和肌肉的灵活性训练。在比赛中，运动员需要快速切换不同的腿法、脚法和拳法，因此需要整个身体肌肉的配合协调。

三、竞技跆拳道体能训练的分类

一个运动员的体能包括基本体能和特殊体能。通常的身体素质训练的目的在于促进身体健康、改善身形、提升机能水平，以此为专业训练奠定基础。专项体能是跆拳道运动员学习、掌握和运用技术的前提，包括柔韧、灵敏和平衡素质等。

（一）力量训练

力量素质是指人体神经肌肉系统在工作时对抗阻力的能力。在一场跆拳道比赛中，两名运动员在技战术水平以及其他方面的条件相似时，身体力量的差异将会成为一个影响战局的关键因素。因此，对一名跆拳道运动员来说，不仅需要保持适当的体重，还需要拥有充足的力量来应对身体对抗。跆拳道运动员的力量训练虽然与其他项目的训练有相同之处，但也有其独特之处，在连续、周期性的速度与力量训练中，主要通过固定远端发力的离心收缩来体现其存在的特性。在竞技跆拳道项目体能训练中，快速力量是至关重要的，需注意增强起动力量、核心力量、稳固支撑性力量和最大力量的训练。跆拳道的力量训练主要集中在强化腿部力量和腰腹部肌肉的训练上，还有多种器械训练方式，包括坐蹬、大腿外展、负重提跳、坐姿旋转等。

（二）速度素质

跆拳道运动员需要具备快速反应、高效击打和敏捷移动的速度素质。在跆拳道运动中，反应能力和攻击速度是非常关键的因素。运动员所表现出来的反应速度主要取决于其在比赛中动态判断和迅速做出回应的能力，而这种能力在很大程度上受到遗传因素的影响。运动员完成单个动作或组合动作的能力被称为"动作速度"。队员的出击时机选择与判断能力、技战术储备等多种因素都会对反应速度产生影响。在进行动作时，主要受到以下因素的影响：神经传导时间、神经类型和刺激频率、肌肉收缩能力、肌纤维成分和状态。为了进行速度训练，运动员需要确保自己有良好的状态。有多种方式都可以被用于训练。例如，短距离冲刺跑、短距离抬腿跑、1～2米的小碎步跑，以及根据教练员的手势做出的各种快速反应等。另外，运动员也可以尝试进行 10 秒的快速专项动作练习。

（三）耐力素质

跆拳道比赛时间长，对跆拳道运动员的耐力水平要求比较高。在跆拳道训练中，一般将耐力素质分为一般耐力和专项耐力。一般耐力又称为有氧耐力，指长时间进行有氧供能的工作能力；专项耐力是指在跆拳道训练和比赛中，运动员克服专项运动过程中所产生的疲劳的能力。加强专项耐力训练的目的在于提高运动员机体在承受长时间供氧不足的情况下坚持长时间工作的能力。在奥运会跆拳道比赛中，打入决赛后，在一天内要参加 6～7 场比赛。同时随着运动员攻防能力的全面提高，比赛中 KO（击倒）现象和比分悬殊的场次越来越少，竞争越来越激烈，比赛胜负往往取决于双方相持能力的强弱，对运动员的体能要求也越来越高。跆拳道运动专项耐力的特点是以无氧耐力为主，所以，要提高跆拳道运动员的专项耐力水平，主要应发展其无氧代谢能力。同时，跆拳道运动对心功能有一定的影响，这也表明跆拳道运动与有氧耐力有着密切关系。

耐力练习的方式有每周两次 3～5 千米的越野跑或者变速跑、10 分钟的上下阶梯训练、跳绳 12 分钟、循环专项素质训练、单一跆拳道技术连续动作练习、连续快速踢靶训练、循环专项技术练习等。

（四）柔韧素质

跆拳道以下肢为主要攻击手段，因此对运动员柔韧性的要求是极高的。柔韧性不仅决定击打的效果和力度，还决定运动员的灵活性和身体的耐久力，直接影响比赛中的得分。运动员在完成腿法技术时，要求具备良好的腕关节柔韧素质。髋关节一般有以下运动形式：屈髋、转髋、顶髋，不同的动作在转髋、顶髋的阶段和方向不同，所以在进行髋关节的练习时，要加大动作幅度，这样才能在比赛中运用自如，提高运动成绩。特别是在世界跆拳道联盟启用跆拳道最新修订的竞赛规则，提高击头技术和旋转性技术的分值后，击头得分比例随新规则的出台和电子护具使用时间的增长而增加。击头技术分值的提高，使得高位技术和下劈技术的运用更引起重视，各国运动员都在积极练习击头技术、创新击头技术。也可预见，击头技术将成为当前新规则下电子护具时代跆拳道比赛制胜的主要技术。

具体练习方式有以下几种：

一是动力性练习，如摆动伸展练习和冲击性伸展练习。

二是静力性练习，如静力牵拉。

三是本体感受神经肌肉促进法即 PNF 牵张法。

PNF 是一项肌肉伸展前先收缩的技术，其理论基础是肌肉的预收缩可以切断神经系统的一个反射链，最终使关节和肌肉得到放松，使肌肉的伸展度加大。PNF 牵张法以 PNF 为主，单人或双人练习均可。单人伸展为运动员依照自己平时的感觉做伸展训练，其伸展程度由运动员自己控制。双人伸展是同伴协助伸腿者做静态伸展。主要活动的肌群有：大腿后侧、前侧、内侧、臀大肌、小腿后侧肌群及背部。练习时必先做 10 秒拮抗训练，再伸展 15～20 秒。

（五）灵敏素质

灵敏素质的发展水平主要从以下三个方面进行评价：第一，是否具有快速的反应、判断、躲闪、转身、翻转、维持平衡和随机应变的能力；第二，在完成动作时，是否能自如地操纵自己的身体，在任何不同的条件下都能准确熟练地完成动作；第三，是否能把力量、速度、耐力、协调性、节奏感等素质和技能通过熟练的动作综合表现出来。跆拳道比赛中运动员要经常改变身体的位置和方向，这要求运动员具有高度的灵活性、良好的判断力、较快的反应速度和根据比赛中的实际情况调整身体方向和位置的能力。跆拳道运动中的大部分动作均要求爆发的快速反应，还要求高度的机动性和灵活性。具体练习方式是以游戏或者教练员口令的方式进行各种闪躲、急停、转向或跳跃。在敏捷性训练过程中，应有足够的间歇时间，以保障氧气的偿还和肌肉 ATP 能量物质的合成。但休息时间不可过长，训练时间与休息时间应控制在 1∶3 的比例。

（六）平衡素质

平衡指人体所处的一种稳定状态，以及在各种姿态、运动过程中，或受到外力作用时，能自动地调整并维持姿势的能力。跆拳道运动员在比赛中合理运用各种步法与腿法技术的关键是控制好身体重心的转移，保持身体平衡，在此基础上提高动作的速度和灵活性。为此，要随时保持良好的身体姿势，以便达到快速启动的目的，随时都能有效进攻与反击。稳定性是运动员平衡能力好坏的主要体现。跆拳道运动员在一段时间内各机能的相对稳定主要表现在动作的不易移动性和技术动作的相对稳固程度上。在体能训练时对于运动员平衡能力的训练，应给予足够重视，充分认识到平衡能力对运动员竞技成绩的提高，对专项力量、速度、灵敏的提高，对运动损伤的预防和康复，对跆拳道技术的提高都是具有促进作用的。

平衡能力的训练。进行核心区稳定肌群的训练有俯撑桥、侧撑桥、仰撑桥，以及运用瑞士球、平衡球、平衡板和悬吊式训练等。这些训练可有效地动员核心区域深层肌肉参与运动，并在运动过程中控制躯体始终保持正确的运动姿势。

第八节　竞技跆拳道运动员体重控制、常见运动损伤的预防与处理

一、竞技跆拳道运动员体重控制

跆拳道是重竞技的运动项目，也是一项按不同体重级别进行比赛的搏击类项目。一个优秀的跆拳道运动员，在赛前要将自己的体重级别调整到既能保证体能

状况，又不影响技战术水平，能发挥最佳竞技状况的级别。在不影响运动员身体机能及竞技能力正常发挥的前提下科学地控制赛前体重，减少脂肪、增加瘦体重的比例，达到目标体重的同时提高运动能力和比赛成绩已成为跆拳道运动员赛前训练计划的重要内容之一。如何帮助运动员完成这项重要内容，是科学研究和训练实践中迫切需要解决的一个问题。

（一）竞技跆拳道运动员赛前控降体重的理论基础

体重是反映人体骨骼、肌肉发育程度以及肥胖程度的指标，也是反映人体体型的一项重要指标。从生理学角度看，体重也就是身体成分的总重量。身体成分是指组成人体各个组织器官的总成分，其生理组成由体脂和去脂体重两部分组成，其中体脂即脂肪体重，去脂体重即瘦体重，体重＝去脂体重＋体脂。去脂体重包括肌肉、骨骼、器官、体液以及皮肤等非脂肪组织。身体成分通常用体脂百分数来表示，体脂百分数＝体脂重量／体重×100%。

运动员的体重变化要以身体成分的概念来表达，才具有客观性和科学性。运动员需要把自己控降体重的范围保持在合理的范围之内，才能充分发挥自身体能，提高技术质量。跆拳道运动员降重，主要是减少组织中多余的脂肪和水分，一般不会影响肌体正常技能的稳定平衡。但超过一定的限度，没有合理的营养保证、科学的训练，以及有效的措施及时调整身体成分的结构比例，就会使细胞内结合水分丧失，使中枢神经系统和机体某些内环境的功能紊乱，使运动员精神不振，身体机能状况下降，运动能力减弱，血液黏滞性增大，最后影响运动成绩的发挥。教练员必须给运动员制订建立在对运动员身体成分客观评价基础之上的控重计划，寻求每个跆拳道运动员控降体重的最佳值。

跆拳道运动是一项融各项运动素质于一体的综合性运动项目，该运动项目中三种能量系统，即磷酸原供能系统、糖酵解供能系统、有氧代谢供能系统都参与供能。从跆拳道运动竞技规则、技术动作特点和比赛时间结构来看，其结构和节奏不规律，有别于柔道、摔跤等对抗性项目，对技战术要求较高，其主要特点是要求队员反应快、身体素质好、协调性好、灵敏性高。比赛规则规定，一个级别的冠军要在一天内产生。运动员的体重还必须在比赛几天内都要保持低于其正常期的体重。因此，要提高竞技能力，就必须调整安排好赛前训练，控制好赛前体重。

1. 控制体脂是运动员控制体重的关键

理想的减轻体重应是降去多余的脂肪组织，而不是瘦组织成分或体液。降体重前要对运动员进行体脂水平测量。去脂体重是构成体重的基础，一旦形成就比较稳定，理论上去脂体重的组成是相对恒定的。在降体重过程中必须保持去脂体重，因为去脂体重在参与代谢、保持骨骼肌功能和维持器官功能方面具有重要作用，建议在降体重过程中去脂体重丢失不超过减重总量的30%。去脂体重是降体重过程中必须保持的部分，尤其作为运动的动力来源的肌肉，而脂肪体重是降重的重点部分。运动员在减体重时，监测其身体成分十分必要，要尽可能地去除多余的体脂，并使去脂体重得以保持，所以降体重的关键是减少体脂。

2. 热量负平衡是运动员降体重的基本原理

影响体重及身体成分的因素包括遗传的先天因素和营养及运动负荷的后天因素，运动员体重的控制主要是考虑后天因素。控制或降低体重的基本原理：减少摄入热量，增加机体的热量消耗，造成热量负平衡，消耗体内贮存的脂肪。如果运动员体力消耗的能量小于摄入食物的能量，体重就会增加。反之，如果适当减少热量的摄取，同时通过增加一定运动负荷而加强热能消耗，机体必然消耗一部分体脂，以保持热能平衡，从而达到预期的目的，这就是热量负平衡。

（二）赛前控制体重对跆拳道运动员生理机能和心理的影响

1. 对跆拳道运动员的生理影响

跆拳道运动员赛前快速减体重，需经常使用限制饮水、发汗失水等手段。这些措施如果使用不当，就会给运动员造成机体内环境稳定性的破坏。脱水会使处于工作中的骨骼肌水分减少，导致营养物质交换缓慢，代谢废物排除减少，工作效率下降。从生理学角度来讲，如果骨骼肌失去了正常比例的水分，其弹性、身体协调性等就会明显下降，收缩速度减慢，力的"爆发"效果也会大大降低，而跆拳道比赛所需的就是力的"爆发"效果。运动员在减体重期间，通过限制饮食和饮水、增加运动、发汗失水等措施减轻体重。限制饮食和饮水减少了机体营养素的摄入，增加运动加速了机体能源物质的代谢，发汗失水又加剧了机体水分和无机盐的丢失。因此，减体重必然会对机体的物质能量代谢产生一定影响。减体重过程中由于过度限制饮食，使糖的摄入量明显减少，引起肌、肝糖原的贮备严重不足。肌糖原和肝糖原下降，肌肉的工作耐力必然降低，从而难以满足比赛的需要。

2.对跆拳道运动员心理的变化

赛前减体重在对运动员生理机能造成一定影响的同时，也会给运动员的心理机能带来一定的负面影响。运动员赛前快速减体重伴随有短暂的情绪低落和短时记忆能力的下降；采用控制饮食和饮水进行快速减体重时，运动员易怒、易疲劳、紧张、沮丧、迷惑情绪明显增加，活力显著下降。由于在训练中不断增长的能量消耗，同时能量摄入的缺乏，人处在半饥饿状态下，心理敏感度也会越来越低。

（三）竞技跆拳道运动员赛前控降体重的方法

竞技跆拳道运动员赛前控降体重的方法大体可以分为缓降方法和急降方法两大类，其目的均为减轻身体的重量，但所依据的原理不同。缓降方法是依据热量负平衡原理，采取限制能量摄入、增加能量支出或限制能量摄入和增加能量支出相结合的方法，其实质是减少体脂来减轻体重，进程缓慢，周期较长；急降方法多是采取急剧限制人体所需物质摄入法或排除水分法，其实质是减少去脂体重来减轻体重，进程快速，周期较短。两种方法应以缓降为主，急降为辅。只有将二者有机结合，才能取得理想的效果。

1.缓降体重的主要方法

（1）限制饮食

限制饮食就是指限制摄入脂肪和过量的糖类物质，其实质是限制能量的摄取量，造成热量负平衡，达到消耗体脂、减轻体重的目的。在比赛前2~4周可开始有计划地控降饮食。通常能量摄入要限制在每天 18~31kcal/kg，使每日热能亏空 1000~1500kcal。饮食上应少吃大块的高热量食物，吃一些精肉、牛奶、水果、蔬菜，保证碳水化合物的摄入量，避免因肌糖原缺乏而造成疲劳、乏力。注意补充人体自身不能合成的物质，如氨基酸、微量元素、无机盐、维生素等。

（2）增加运动

热量负平衡除了减少热能的摄入，还可以增加机体的热能消耗，运动就是增加机体消耗的主要方式之一。强度小、体量大的运动对于减少体脂、保持去脂体重效果较好，然而考虑到跆拳道运动的专项特异性，不允许运动员花太多的时间去从事减体脂运动，另外从训练学角度说，低强度、长时间的减脂运动对跆拳道运动员的专项竞技能力会产生副作用，教练员要适当安排。

（3）限制饮食与增加有氧运动相结合

控制饮食的方法是目前跆拳道运动员普遍接受的一种赛前减重方法，虽然速度慢，但效果好，巩固性强。仅依靠能量限制减体重通常会导致相当数量的去脂体重丢失，但加上有氧练习通常会减少这种丢失。抗阻力练习可以防止限制能量摄入期间的去脂体重丢失，甚至增加肌肉重量。研究表明，在运动员限制能量摄入期间，其有氧能力可能受损、肌肉机能表现不良。在限制能量摄入的同时加强运动，能够减轻对运动能力的负面影响。增加运动与限制饮食相结合减体重，使饮食能量摄入的限制量有所放宽，避免了单独限食性减体重造成的去脂体重丢失的不良后果，同时保留了运动减体重的优点。二者相结合，再辅以合理的膳食和营养品，是运动员首选的慢速减体重的方法。慢速减体重应该在赛前一段时间内，通过适度限制饮食和中等程度的增加运动来实现，速率为每周减体重不超过其自身体重的4%。

缓降体重最主要的目的和最理想的状态就是消耗体脂，同时维持去脂体重不变。限制饮食与增加运动相结合，使能量摄入的限制量有所放宽，避免限制饮食量造成去脂体重的丢失，同时保留了运动降重的优点。

2.急降体重的主要方法

（1）急剧限制人体所需物质摄入法

限制饮食和饮水总量，每日饮水量限制在500~600毫升。食物中的盐摄取量在5~6克，在比赛前1~2周实施，可降低体重3kg左右。这种方法要保证必需的营养物质，使食物保持低糖、低盐、高钾。

（2）排除水分法

水在人体中占有很大的比重，排除人体内的水分能够快速达到控降体重的目的。排除水分法主要有三种方式：首先是热浴法，采用盐水沐浴、热蒸气或干燥空气浴，这是一种强制性的、过激的控降体重方法，一次可降2千克左右，通常在比赛前1~2天使用。但这种方法存在一定的危险性，会对运动员的身体造成一定的危害，因此，热浴法应在医生的严格监督下进行，防止机体大量脱水，引起严重的后果。其次是运动排汗法，穿上透气性较差的运动服进行各种练习，如多做一些力量性练习和耐力性练习，力量性练习保持肌肉质量和加快代谢速度，耐力性练习消耗更多的热量，这种方法一天能减少体重约 2 千克。穿透气性较差的衣服跑步，也是控降体重中常用的急降方法。

（四）竞技跆拳道运动员控降体重后的恢复

竞技跆拳道运动员在称重后应采用科学的手段进行控降体重后的恢复。因为在运动员控降体重的过程中，机体会受到较大的影响，合理的恢复可以使运动员在短时间内恢复自身状态，而不科学的恢复手段，不仅影响运动员的比赛发挥和运动成绩，还会造成身体上的伤害。运动员在称重后不要暴饮暴食，暴饮导致身体瞬间补充大量水分，容易造成身体浮肿，暴食则会带来诸多肠胃疾病。在赛后一星期内应多食含糖、蛋白质、维生素和无机盐多的食物，少食含脂类多的食物。教练员应在医生的协助下给处于恢复阶段的跆拳道运动员制订合理的恢复期训练计划。训练应以加快恢复运动员机体水平和调整运动员状态为目的，以技术练习为主，多做积极性休息，避免大运动量训练，使运动员尽快出现超量恢复，为下阶段的训练做好准备。

控降体重是一个科学的进程，应对控降过程中的问题，只有运用科学的方法，才能使运动员控降体重顺利完成。控降体重对运动员的竞技水平会造成一定的负面影响，但科学合理地控降体重是可行的。根据跆拳道运动员竞技能力构成因素的特点，适宜采取以"缓降"为主，"急降"为辅，二者有机结合的方法。赛前3～4周开始采取缓降体重方法，赛前1～3天使用急降方法，严格禁止通过违禁方法来控降体重。

赛前减体重的多少是影响运动员成绩和体能的重要因素，体能的好坏直接影响比赛成绩的发挥。在降体重后要注意合理的营养摄取，以保证比赛中体能的需要。日常饮食要注意运动员营养的搭配。一般来说，小级别运动员要严格控制脂肪的摄取比例，严禁暴饮暴食，多以高蛋白，低脂肪类食物为主，搭配好蔬菜和水果。减体重较多的运动员在称量体重后应立即补充水、蛋白质、氨基酸补液。方法最好采取输液法与口服相结合。在补充体液时，要考虑的是体内需要的物质，补量要适当，以免影响成绩的发挥，同时要对减体重运动员加强医务监督。教练员在运动员减体重过程中应该注意运动员所减体重占身体体重的百分比，减体重一般应在身体限度以内，比赛前 6~7 天最大减体重量应该在 3~4 千克。教练员要有针对性地安排计划进行训练，以有利于竞技水平的发挥。

二、常见运动损伤的预防与处理

竞技跆拳道是一种以腿法为主的对抗性较强的项目，在竞赛中双方选手不仅讲究较技斗智，而且要较力斗勇，要求运动员具备勇猛善战，敢打敢拼的基本素质。在跆拳道实战时，强调身体直接接触，以柔克刚，因此运动伤病在跆拳道训练和比赛中不可避免，发生率很高。在跆拳道教学中，教练、老师和运动员掌握跆拳道运动中常见损伤的预防与处理方法尤为重要。

（一）竞技跆拳道运动中损伤的预防

竞技跆拳道运动员运动损伤，其受伤原因有技术动作不正确、局部练习负荷过度、缺乏保护意识、准备活动不足、场地及器材不佳，以及思想麻痹大意等因素。竞技跆拳道运动员运动损伤发生率较高，创伤通常较为严重，所以预防损伤的措施必须全面、有效。

1.运动中常见损伤

（1）踝关节损伤

跆拳道运动员的踝关节损伤最为严重，这主要是由踝关节的结构和跆拳道自身运动特点决定的。就踝关节的解剖结构而言，因为其属于滑车型关节，外踝比内踝低，内踝处三角形韧带又比外踝韧带强而有力，所以很容易造成踝关节内翻；踝关节损伤主要是由于踝关节的距骨上关节面前大后小、外侧韧带弱于内侧韧带、外踝尖低于内踝尖等解剖结构的原因，而在训练中快速地攻防转换、移动闪躲需要迅速改变身体重心和移动方向，这些都会使踝关节发生过度内翻，引起外侧副韧带损伤。由于跆拳道属于技能类同场对抗性项目，表现为技能竞争为主，在直接对抗的条件下进行运动，所以在完成跳跃旋转类动作，如旋踢、腾空后摆、后蹬等动作，离开地面后，脚自然处于趾屈内翻位，如果落地时身体姿势不合理或场地不平，会使脚的前外侧着地，身体向一侧倾斜导致外侧副韧带损伤。所以在高强度、高对抗的比赛中，如果运动员的身体素质达不到要求，没有强有力的肌肉和坚韧的韧带做支撑，那么踝关节的损伤是无法避免的。

（2）膝关节损伤

跆拳道运动员膝关节损伤类型包括膝关节胫侧韧带损伤、半月板损伤、髌骨软骨病、髌腱腱围炎，以及周围肌肉拉伤。在解剖学上，膝关节是全身结构最复杂的关节，在其微屈时突然扭转或拉伸，都能引起半月板及关节周围韧带和肌肉的拉伤、撕裂和挤压伤。反复地膝关节旋转、屈伸，会使其周围的组织受到挤压、牵拉和摩擦，造成细微损伤后不断积累加重，从而导致膝关节软组织的慢性损伤。膝关节的损伤一般多为髌骨软骨伤，其原因在于运动时软骨关节面与股骨内踝摩擦造成髌骨关节面的损伤。这时，为了不影响比赛或训练，可以用绷带固定膝关节，或者戴上护膝，减少髌骨关节面在运动中的运动幅度，以减轻关节发软。

（3）腰部损伤

急性腰部损伤包括肌肉、韧带、筋膜及小关节的扭伤。当运动员下肢动作快于躯干动作时、运动员肌力不足时，均可造成腰部的急性损伤。发生急性腰部损伤时一般应卧床休息，仰卧于有垫子的木板床上，腰部垫一薄枕，以便放松腰肌，也可与俯卧位相交替，避免受伤组织受牵扯，以利于下一步的治疗。

（4）肘关节损伤

肘关节的损伤一般为屈手肌群和旋前圆肌在肱骨内上踝附离区及肘内侧韧带的损伤，偶有合并肱骨内脚踝撕脱骨折。损伤的原因为上肢进攻时用力不当，前臂突然被迫外展、旋后，后屈手肌群和旋前圆肌突然收缩，使肘部肌肉、韧带牵托扭动，而受伤主要诱因为受伤者在肘部防守时受到对方的撞击而引起挫伤。

2.运动损伤原因分析

跆拳道运动员的运动损伤原因是多方面的。主要包括以下几个方面：一是过度训练。跆拳道运动员通常会在短时间内进行高强度的训练，过度的训练量会导致身体疲劳和受伤风险的增加。二是训练不合理。不合理的训练计划和技术动作容易导致运动员的肌肉疲劳和受伤。三是技术动作不规范。技术动作不规范容易导致运动员在比赛或者训练中受伤。四是缺乏充足的热身和拉伸。热身和拉伸是预防运动损伤的重要措施之一，缺乏充足的热身和拉伸容易导致运动员的受伤。五是环境和器材问题。环境和器材问题是导致运动损伤的一个重要因素，例如地面不平整、器材老化等问题都会增加运动员受伤的风险。

针对上述情况，可以采取以下措施：一是合理制订训练计划。制订合理的训练计划可以避免运动员过度训练和肌肉疲劳。二是提高技术水平。定期检查运动员的技术动作，纠正不规范的动作，提高运动员的技术水平。三是充分热身和拉伸。提高运动员热身和拉伸的时间和质量，以减少受伤的风险。四是选择安全的环境和器材。保障训练场地和器材的安全，减少因环境和器材问题造成的运动损伤的风险。

通过采取上述措施，可以有效预防跆拳道运动员的运动损伤，提高运动员的健康水平和训练效果。除了身体本身因素，跆拳道运动员的运动损伤还可能受到其他因素的影响，如训练方式、场地、装备等。训练方式是导致运动损伤的一个重要因素。过度训练、不合理的训练强度、频率和时长等，都会增加跆拳道运动员的运动损伤风险。场地也是导致运动员损伤的因素之一。地面硬度、摩擦力、稳定性等因素都会影响运动员的受伤风险。装备的质量和适用性是导致运动损伤的因素。不合适的护具、破损的装备、过时的保护设备等都会增加运动员的受伤风险。

在训练和比赛中，跆拳道运动员和教练员应该注意这些潜在的风险因素，并采取措施进行预防。比如，加强训练前的热身，控制训练强度、频率和时长，确保场地的安全性和稳定性，以及使用合适的装备和护具等。同时，跆拳道运动员也需要注意自己的身体状况和反应，及时报告身体不适和损伤情况，以便进行及时的治疗和康复。这些预防措施有助于降低跆拳道运动员的运动损伤风险，保障其安全。

3. 损伤的预防

在跆拳道运动中，损伤是无法绝对避免的，但是可以预防的。在运动训练和比赛中认真做好各方面的工作，遵循科学训练的原则，采取有效措施，努力消除各种致伤因素，即可最大限度地避免受伤。

（1）加强运动损伤预防工作的教育

在比赛和训练过程中，认真贯彻预防为主、安全第一的方针。提高教练员、运动员对损伤预防的认识，杜绝一切不安全因素的发生，把造成损伤的隐患降到最低。

（2）科学安排训练和比赛

在制订训练计划时，要符合运动项目的客观规律，也要符合运动员的身体对运动项目的适应性。在人体所能承受的范围内，合理调整运动量大小，不断适应运动负荷。跆拳道虽然是一个以腿部运动为主的格斗项目，但是在对抗过程中却是综合能力的比拼，因此，应加强全面的身体训练，采取各种有效的身体训练方法，促进各器官系统的生长发育，使身体素质得到全面的提高，在全面的身体素质训练基础上，加强技术的专项训练。不要因力求成绩而进行超负荷训练，这既可能导致损伤，也可能影响生长发育，缩短运动寿命。

（3）认真做好各项准备活动

准备活动能让运动员中枢神经兴奋，使人体尽快进入运动状态，从而使训练和比赛一开始就能发挥最大的工作效率。因此，准备活动要充分，要有针对性，除一般的热身以外还应该加强做与训练和比赛内容相关的专项准备活动。

对于比赛和训练中负荷较大和容易受伤的部位，要重点做准备活动。根据季节、气温和训练内容的不同，准备活动的时间和内容也应该做相应的调整，以使身体有充分的准备进入比赛和训练状态。

（4）加强易受伤部位的训练

易受伤部位是指人体本身在生理解剖方面相对比较薄弱的部位，这些部位在大负荷的运动下容易损伤。对于跆拳道项目而言，踝关节的外踝较内踝薄弱，容易受伤，膝关节的快速屈伸容易造成膝关节的损伤，从而影响关节的稳定性。加强薄弱部位和易受伤部位的训练，提高肌肉力量，发展肌肉弹性和伸展性，是预防创伤的积极手段。

（5）加强对运动员的医务监督

第一，要做好选材工作，选材时要做好详细的伤病检查。对于跆拳道运动员而言，下肢的检查尤为重要，如患二分髌骨、髌骨软骨病、副舟骨等则不适宜从事跆拳道运动。

第二，加强运动员的自我监督。根据跆拳道项目的特点，除内脏器官的机能检查，制定一些对下肢的自我检查监督方法，如运动前做单腿起试验，若出现膝关节疼痛或膝软，即有膝关节软骨病的可能。如果运动员在自我监督的过程中出现阳性体征，就应该及时就医。医务人员应根据运动员的伤情，建议教练员安排训练计划时作适当的调整，同时给予及时的治疗。此外，在训练与比赛前应装备好护具，如头盔、牙套、护手、护臂、护裆、护膝、护踝、道鞋等。保持场地的干净整洁，避免因场地湿滑或者不平整导致运动员损伤。训练时搭档配合默契也是避免意外损伤的重要环节，在训练中攻防转换时应注意护具保护，如避免足背直接接触搭档的肘关节或者腰骶部，造成足背部的损伤。

科研人员和医务工作者也应该经常与教练员、运动员沟通，普及有关损伤预防的知识，提高他们对预防损伤的认识和能力。

4.运动损伤的心理影响和心理干预措施

运动损伤除了会对运动员的身体产生影响，还会对运动员的心理产生负面影响。长期的疼痛、无法参与比赛和训练、对未来职业发展的担忧等因素可能会导致运动员产生低落、自卑、沮丧和失落等负面情绪，进而影响其参与体育活动的积极性和热情，从而影响运动员的身体和心理健康。因此，进行心理干预是非常必要的。心理干预应该从多个方面入手，包括帮助运动员克服心理障碍、增强信心、鼓励积极思维、调整情绪、提升应对压力的能力等。具体措施包括：在运动员的康复阶段给予他们足够的理解和支持；帮助运动员建立积极的自我形象，让运动员相信自己可以克服困难；为运动员提供必要的心理咨询，让其能够充分表达自己的情感和问题；教导运动员放松自己，采用正确的冥想和呼吸练习等；加强运动员对运动损伤的认识和预防知识，让其了解如何避免运动损伤的发生。

总之，心理健康和身体健康密切相关，为了保障跆拳道运动员的身心健康，需要将心理健康纳入运动损伤的预防和治疗中，并采取相应的心理干预措施。在进行心理干预时可以从以下几方面入手：

心理疏导和支持：针对运动员受伤后出现的消极情绪，如沮丧、失落、焦虑、恐惧等，应及时对其进行心理疏导和支持，以减轻其负面情绪和心理压力。

认知重建：通过对运动员的教育和辅导，引导其树立正确的运动态度和心理预期，帮助其理解运动损伤的真正含义，以及受伤后应该如何适应和调整。

康复心理训练：在康复治疗过程中，可以采用一些心理训练方法，如正念训练、想象训练、放松训练等，帮助运动员增强心理调适能力，进而提高康复效果。

运动复原指导：针对运动员在受伤后恢复训练时的心理问题，如恐惧、不安、缺乏信心等，提供恰当的指导和支持，帮助运动员逐步恢复自信和训练状态，最终达到康复目标。

需要注意的是，心理干预措施的实施需要专业心理咨询师的指导和协助，以确保干预效果和安全性。同时，心理干预也应当是整个治疗和康复过程的重要组成部分，需要与运动损伤的治疗和康复方案相互协调，以达到最佳效果。

为了预防运动损伤的发生，应加强对跆拳道运动员的体能训练，科学合理地制订训练计划，同时在训练过程中加强保护和监督。对于已经受伤的运动员，需要进行适当的心理干预，帮助其积极应对伤病和情绪波动，从而使其更快速恢复直至重返赛场。

（二）竞技跆拳道常见损伤的处理

1.肌肉僵硬与酸痛

在跆拳道运动过程中，腿部肌肉是活动的核心。肌肉在运动时新陈代谢率大大提高，从而使局部肌肉内部温度升高，肌肉的黏滞性降低。运动刺激使肌肉的兴奋性提高，主动肌和对抗肌之间的协调性增强，肌组织的能量消耗和氧的消耗量增高。剧烈运动中，肌肉工作产生的代谢产物大量积聚，导致毛细血管开放，血流量增加。在运动强度过大，或者出汗过多引起体内电解质减少，气温急剧变化，准备活动不充分时，运动中可能出现肌肉痉挛。肌肉的运动引起局部缺血并产生 P 物质，P 物质刺激内痛觉神经末梢，引起肌肉疼痛，疼痛反射性引起肌肉痉挛，使局部缺血更加严重，如此形成恶性循环，使人体在运动后出现肌肉的延迟性疼痛。延迟性疼痛的出现与是否经常受到训练有关，与运动强度呈正比。

（1）预防方法

在刚开始锻炼时，运动量应由小到大、由慢到快，循序渐进。另外，每次训练前要做好充分的准备活动。在出现肌肉僵硬和酸痛时，局部肌肉的运动可适当地减少，可采用变换肢体练习的方式，缓解局部肌肉的酸痛，消除疲劳。在训练后要做一些使肌肉放松的整理活动，也可用毛巾局部热敷或按摩酸痛的肌肉，这样都有助于缓解肌肉酸痛。

（2）应对方法

主要通过物理治疗的手段改善局部的血液循环，促进 P 物质的代谢。

①按摩治疗：在肌肉僵硬与酸痛部位进行抚摸、揉捏、推压、叩击、牵拉，指压血海、足三里、承山、三阴交等穴，促进血液循环，缓解疲劳。

②物理疗法：主要包括电疗、中频、高频、磁疗、热疗、红外线、超声波治疗等。升高局部组织温度，改善局部血液循环和营养，增强组织代谢，提高组织再生能力，促进肌体的修复。

2. 肌肉挫伤

体表受到钝性物体或其他外力的直接作用，使皮下组织、肌肉、韧带等组织受到闭合性损伤。挫伤的程度可根据组织受到的压力及内出血程度来判断。在跆拳道运动中，股四头肌的挫伤和足背肌肉的挫伤最为常见。一般在对抗过程中，踢中对手的关节等较硬的部位则会导致运动员身体局部出现肿胀、疼痛等症状。

（1）预防方法

在训练前可通过穿戴保护设备来预防肌肉挫伤，另外，训练前应做好充分的准备活动，训练时不要用力过猛，以防超过肌肉、关节、韧带的负荷限度。肌肉挫伤发生后要马上停止训练，根据情况及时处理。

（2）应对方法

①急性损伤时，应立即抬高患肢。可通过冷敷、加压包扎等手段，减少局部出血肿胀。

②损伤早期主要通过活血化瘀的方法治疗，如外敷新伤药等促进瘀血的吸收。

③后期主要通过外敷旧伤药、针灸、红外线、热疗等方式改善局部血液循环，提高组织再生能力，促进损伤的修复。

3. 肌肉拉伤

拉伤是指肌肉、筋膜及肌腱附近的组织受牵拉性外力所致的组织部分撕裂或完全撕裂，可继发出血、肿胀、瘀血、血肿和肌肉保护性痉挛，以及使损伤肌肉的收缩功能发生障碍。肌肉拉伤主要发生在肌腱移行部位或肌腹，表现为程度不等的肌纤维或肌腱结构的损伤。

（1）预防方法

注意加强易伤部位肌肉的力量和柔韧性联系，同时应充分做好准备活动，合理安排运动量，才能达到预防的目的。

（2）应对方法

①急性损伤时，应及时进行冷敷治疗，加压包扎减少局部出血量。

②在出血停止以后应进行理筋，循着肌纤维的走向做轻按摩推压，促进肌纤维的修复。

③内服中药补气养血，活血化瘀，以促进肌肉的生长恢复。

④利用物理治疗改善血液循环，提高组织再生能力，促进组织恢复。

4. 踝关节扭伤

在跆拳道运动中，踝关节扭伤是常见的损伤。主要为平时训练时动作不规范，或者动作不慎而导致的内外踝韧带损伤，甚至是内外踝骨折。

踝关节扭伤的应对方法如下：

一是出现急性损伤的时候，主要以"RICE 原则"来应对：立即停止运动（REST）；冷敷（ICE）；加压包扎（COMPRESSION）；抬高患肢（ELEVATION），以减少局部的出血肿胀。

二是在急性期症状消退后，可通过补气养血、活血化瘀、理筋等方法促进韧带的修复。可以在手法理筋后外敷新伤药加压包扎，防止再次损伤。若造成骨折，则要进行手法复位，然后用铁丝托板或者石膏托板固定。若骨折依靠手法难以复位，则需要手术切开复位或者内固定。

5. 膝关节扭伤

膝关节的扭伤在跆拳道运动中是发生频率仅次于肌肉挫伤的损伤。跆拳道运动的站架膝关节处于半屈位，此时体重对膝关节的压力相对较大，且膝关节在运动中既要弯曲又要做强制性旋转，并要求承受负荷和保持稳定。跆拳道运动员在跳跃、冲刺、击踢和突然转向变换体位完成特定动作中，所受到的外力大而复杂，但膝关节本身缺乏稳定性，需借助膝关节周围的肌肉、侧副韧带和关节辅助结构来加固，同时在对抗过程中，对手的防守格挡、踢空、做转体动作时支撑腿移动配合不规范等都是造成膝关节扭伤的原因。

在受伤现场进行及时的"RICE"处理是十分必要的。立即冷敷、冰敷或者喷洒氯乙烷，以结霜为度，然后进行包扎。这样可以减少内出血、避免并发症、缩短病程，有利于进一步治疗。治疗不同时期和部位的膝关节扭伤，方法有所不同。

一是早期在冷敷治疗后，即可外敷新伤药，加压包扎。在出血停止后，还可以局部轻手法向心性按摩，促进血液循环，消肿止痛。

二是中后期肿胀减轻后，局部可以外敷旧伤药，做抚摸，揉捏、搓、推压等手法，针灸血海、阴陵泉、三阴交等穴，并加强膝关节的功能锻炼。

三是对于膝关节的内外侧副韧带、十字交叉韧带断裂，及半月板破裂的运动员，应该进行手术治疗。术后用托板将膝关节固定在屈曲位170度，固定时间4～6周，解除固定后加强膝关节的康复训练，促进功能恢复。

6. 腰部损伤

腰部是连接上下肢，保持躯体稳定、平衡的纽带，各种腿法，如横踢、旋踢等动作的最先发力点集中在腰部的拧转过程中，其他绝大多数动作也通常先由腰背发力，如转身动作的后踢，通过摆头、转腰、团身、提膝、送髋，力达脚全掌，重心前移，踢击对方。腰肌劳损为腰背部运动损伤最易发的病种，与运动员平时训练及比赛时腰肌持续处于高张力状态有关，是因运动员本身腰肌不发达而腰肌负荷过度导致的腰肌急慢性损伤。棘上、棘间韧带损伤也是腰背部易发的损伤之一。这是由于运动员在训练和比赛中，为了维持躯体稳定性，长时间处于前屈状态，导致棘上、棘间韧带持续处于紧张状态，造成慢性损伤。

腰部扭伤的应对方法如下：

一是在腰部扭伤早期应俯卧休息，避免任何使肌肉或者韧带受到牵扯的运动。外敷活血化瘀、消肿止痛的新伤药。肿胀较明显者，宜用梅花针叩打痛点，用火罐使少量瘀血渗出。

二是有滑膜嵌顿宜用柔和手法进行抚摸，揉、推、搓，解痉止痛，活血通络，然后进行斜扳或者旋转复位。对于骶髂关节扭伤，可先用按压法，然后用牵抖法复位。

7. 皮肤擦伤

在跆拳道的训练过程中可能会出现皮肤擦伤现象，其伤口面积较小、深度较浅时可以采用生理盐水冲洗、酒精消毒处理，局部采用红汞、紫药水擦拭，该种情况不需要进行包扎处理。若擦伤出现在面部，最好不要采用紫药水进行擦拭。对于关节附近的擦伤，经过初步消毒清洁之后，应采用抗生素药膏涂抹，再使用无菌敷料包扎，这主要是因为关节附近经常会产生运动，普通的暴露治疗将会致使伤口发生干裂，影响关节运动，严重的将会引发感染。

8. 急性损伤

针对急性损伤，其主要表现特征是组织撕裂后发生血肿、水肿、炎症等，在临床上通常表现为损伤部位红、肿及功能障碍。早期处理目标是防肿、镇痛、减轻炎症，也可对损伤部位进行冷敷，抬高受伤部位，并且应在受伤后立刻实施该种方法，对止血、止痛、减轻肿胀具有显著成效。冷敷可以使用冰袋，并且将适量的棉花、海绵置于受伤部位，再用绷带施加压力进行包扎。之后，送至医院指定部门进行全面细致的检查。

9. 指腕关节受伤

指腕关节的损伤在跆拳道运动中较为少见，主要发生在对抗过程中，不慎踢中指腕关节导致损伤。一般是导致指间关节韧带，掌指关节软骨充血、肿胀等，情况严重时也会出现指间关节的脱位、腕关节三角软骨盘的挫伤及掌骨骨折等。

指腕关节受伤的应对方法如下：

一是指腕关节单纯性扭挫伤，应在冷疗之后，将脱脂棉浸入新伤药水，敷于患部，将患部包扎固定于功能位。肿痛减轻后，外敷旧伤药，内服正骨紫金丹。

二是指间关节脱位，应及时进行手法复位。局部以脱脂棉浸洗新伤药水敷于患部，加压包扎。内服活血化瘀药。

三是指骨、掌骨骨折，宜早期进行骨折手法复位，小夹板外固定3～4周。内服补气养血、活血化瘀药物，促进骨折愈合。在解除固定之后，应加强功能锻炼，促进功能恢复。对于骨折情况较严重、经手法无法复位的，应及时进行手术治疗。术后加强康复锻炼，促进功能康复。

参 考 文 献

[1] 兰涛. 跆拳道训练与体育文化 [M]. 北京：中国政法大学出版社，2018.

[2] 赵振雷. 跆拳道运动文化与技能教学研究 [M]. 长春：吉林出版集团股份有限公司，2022.

[3] 刘勇新，俞冠先，刘显. 跆拳道教学模式探索与实践 [M]. 北京：原子能出版社，2007.

[4] 王智慧. 现代跆拳道运动教学与训练 [M]. 北京：人民体育出版社，2007.

[5] 李伟. 跆拳道教学理论与实践 [M]. 合肥：安徽人民出版社，2009.

[6] 曾庆国. 现代跆拳道教程 [M]. 广州：暨南大学出版社，2006.

[7] 曾于久. 竞技跆拳道训练 [M]. 北京：人民体育出版社，2014.

[8] 李万友. 现代跆拳道实用教程 [M]. 北京：北京理工大学出版社，2013.

[9] 杜七一. 跆拳道实用教程 [M]. 武汉：湖北科学技术出版社 2016.

[10] 张岩. 高校跆拳道竞技教程 [M]. 北京：旅游教育出版社，2017. 12

[11] 靳岭，王学文. 跆拳道的教学与训练方法 [J]. 当代体育科技，2022，12（25）：28-31.

[12] 黄金玲. 高校跆拳道教学训练常见问题对策研究 [J]. 当代体育科技，2020，10（25）：168-169，172.

[13] 刘沙菲. 高校跆拳道教学训练常见问题和对策研究 [J]. 教育教学论坛，2020（11）：288-289.

[14] 赵丽娜. 跆拳道运动教学与训练方法研究 [J]. 当代体育科技，2016，6（36）：29-30.

[15] 苏跃金. 谈跆拳道教学训练中学生的损伤及预防 [J]. 科技信息，2009（26）：629.

[16] 蔡靖轩. 大众竞技跆拳道步法训练重要性与方法探究 [J]. 当代体育科技, 2022, 12（14）: 50-53.

[17] 杨娜. 跆拳道运动训练中多元化训练法应用研究 [J]. 科技资讯, 2022, 20（4）: 251-253.

[18] 胡媛媛. 跆拳道训练教学常见问题与对策分析 [J]. 文体用品与科技, 2018（2）: 95-96.

[19] 李丽, 李慧. 跆拳道训练教学常见问题与对策分析 [J]. 当代体育科技, 2018, 8（7）: 48, 50.

[20] 唐涌. 从跆拳道品势的评分标准论影响其演练水平的因素 [J]. 当代体育科技, 2012, 2（12）: 87-88, 90.

[21] 郑宇. 跆拳道运动员智能训练的研究 [D]. 武汉: 武汉体育学院, 2007.

[22] 何国庆. 功能性训练在青少年跆拳道训练中的应用研究 [D]. 哈尔滨: 哈尔滨师范大学, 2022.

[23] 吉港华. 跆拳道公认品势制胜因素研究 [D]. 天津: 天津体育学院, 2023.

[24] 徐彬. 跆拳道锻炼对青少年心理健康影响的研究 [D]. 张家界: 吉首大学, 2015.

[25] 黄宝宏. 我国优秀跆拳道运动员体能训练的诊断与评价 [D]. 北京: 北京体育大学, 2010.

[26] 马雅杰. 逆转现象下跆拳道运动员技战术运用特征分析 [D]. 北京: 北京体育大学, 2021.

[27] 禹舜尧. 核心稳定性训练对跆拳道运动员旋风踢技术运用的影响研究 [D]. 天津: 天津体育学院, 2023.

[28] 谭冬波. 跆拳道教学对青少年道德品质的影响研究 [D]. 荆州: 长江大学, 2023.

[29] 王佳乐. 表象训练法在小学生跆拳道品势教学中的实验研究 [D]. 北京: 首都体育学院, 2023.

[30] 赵云龙. 跆拳道教学对小学生健康体适能的影响研究 [D]. 阜阳: 阜阳师范大学, 2022.